A CONSTRUÇÃO DO CASO CLÍNICO

a Psicanálise aplicada à Saúde Mental e o trabalho em rede

Gladston dos Santos Silva

A CONSTRUÇÃO DO CASO CLÍNICO

a Psicanálise aplicada à Saúde Mental e o trabalho em rede

Artesã

A construção do caso clínico:
a Psicanálise aplicada à Saúde Mental e o trabalho em rede

COORDENAÇÃO EDITORIAL
Karol Oliveira

DIREÇÃO DE ARTE
Tiago Rabello

REVISÃO
José Maria Campos Lima

CAPA
Gustavo Prates

PROJETO GRÁFICO E DIAGRAMAÇÃO
Luís Otávio Ferreira

S586 Silva, Gladston dos Santos.
A construção do caso clínico : a psicanálise aplicada à saúde mental e o trabalho em rede / Gladston dos Santos Silva . – Belo Horizonte : Artesã, 2019.
208 p. ; 21 cm.
ISBN: 978-85-7074-035-9

1. Psicanálise. 2. Saúde mental. 3. Psicologia. I. Título.

CDU 159.964

Catalogação: Aline M. Sima CRB-6/2645

IMPRESSO NO BRASIL
Printed in Brazil

(31)2511-2040 (31)99403-2227
www.artesaeditora.com.br
Rua Rio Pomba 455, Carlos Prates - Cep: 30720-290 | Belo Horizonte - MG
/artesaeditora

Dedico este livro à minha companheira,
Jussara Regina Pinto, e às minhas filhas,
Isadora e Júlia, que acreditam que a vida é
muito mais do que os olhos podem ver.

AGRADECIMENTOS

Ao Jovem de Bárbara-Cena, pelo ensinamento prático dos preceitos psicanalíticos, em especial, o manejo da transferência na clínica da psicose, o secretariado e o desejo do analista, e pela lição de que a vida pode ser perigosa, mas também divertida.

Ao prof. Dr. Luis Flávio Silva Couto, pela orientação atenta e cuidadosa da minha dissertação de mestrado e pela delicadeza, desenvoltura, rigor teórico e clareza nos pontos de localização dos conceitos em Freud e Lacan.

Aos meus colegas do CAPS, pela transferência de trabalho e por sustentarem uma clínica feita por muitos, mesmo em várias situações adversas. Em especial à minha colega de plantão, pelo trabalho em equipe e pelas discussões sempre profícuas nesse vasto campo da psiquiatria, psicanálise e saúde mental.

À gerente do CAPS, pelo incentivo à escrita deste livro e por fazer valer o dever ético de transmitir um saber extraído da clínica da psicose num serviço público e pelas importantes contribuições nas discussões do caso clínico, bem como pela revisão e leitura cuidadosa dos textos.

À Cristiane Barreto, pelo carisma, pela escuta e transmissão da psicanálise na interlocução com a saúde mental e por ter acolhido prontamente o convite de escrever a apresentação deste livro.

À Lilany Vieira Pacheco, pela supervisão individual e coletiva do caso, extraindo o que este tem de singular, e do trabalho em rede e por ter aceitado o convite de escrever o prefácio do livro.

À Cristiana Miranda Ramos Ferreira e ao Pedro Teixeira Castilho, pelo incentivo de sempre e pelas reflexões críticas que contribuíram desde o início na elaboração deste livro.

Ao professor Uirá Ribeiro e aos alunos do curso de graduação e pós-graduação da Universidade Salgado de Oliveira (UNIVERSO-BH), pelo incentivo na publicação deste livro.

Ao Alcebino, à Karol e ao Pablo da Editora Artesã, pelo profissionalismo na publicação deste livro.

À minha sogra, Irene, e ao meu sogro, João Liberato – *in memoriam* –, pelo acolhimento a mim dispensado.

Aos meus pais, Inácio e Beatriz – *in memoriam* –, que sempre acreditaram, incentivaram e implicaram o meu desejo em todos os meus projetos.

Muito especialmente à Jussara Regina Pinto, minha companheira do dia a dia em vários projetos de vida. E às minhas filhas, Isadora e Júlia, que compreenderam e respeitaram o meu momento de produção, sempre me apoiando com palavras carinhosas e estímulo.

Aos tantos Jovens de bárbara cena que circulam pela Rede de Atenção Psicossocial buscando seu lugar ao sol.

LISTA DE ABREVIATURAS E SIGLAS

APM — Agitação Psicomotora
AT — Acompanhante Terapêutico
BPC — Benefício de Prestação de Contas
CAPS — Centro de Atenção Psicossocial
CID — Classificação Estatística Internacional de Doenças e Problemas Relacionados à Saúde
TI/AN — Tratamento Intensivo/Acolhimento Noturno
LOAS — Lei Orgânica da Assistência Social
OMS — Organização Mundial de Saúde
PD — Permanência Dia
PTS — Projeto Terapêutico Singular
RAPS — Rede de Atenção Psicossocial
SAMU — Serviço de Atendimento Móvel de Urgência
SRT — Serviço de Residência Terapêutica
SOP — Serviço de Orientação Psicossocial
TR — Técnico de Referência
UPA — Unidade de Pronto Atendimento

SUMÁRIO

APRESENTAÇÃO

Um caso clínico captura a rede. A rede captura um caso clínico. É esse enlaçamento que permite uma construção capaz de beneficiar as pessoas que se tratam nos serviços de uma política pública de Saúde Mental.

Endereçar à academia uma questão extraída do tratamento da psicose na Rede de Saúde Mental é um giro importante à formalização da clínica; com a publicação deste livro, testemunhamos um giro a mais: a responsabilidade com a transmissão. O livro traz surpresas, como as que permeiam o cotidiano dos serviços de urgências em Saúde Mental. O leitor se servirá dele, tanto aqueles que identificarão questões relativas ao cotidiano do seu trabalho, quanto os que queiram aprender com a tessitura desse campo. Localiza com precisão.

Em um trabalho acadêmico corajoso, que enfrenta a dificuldade da escrita de uma clínica complexa, aguda e de urgências crônicas, com *nuances* primordiais à Saúde Mental e o constante exercício de permeá-la com a ética da psicanálise, Gladston coloca-se a trabalho. Empenha-se e sustenta a possibilidade de que, no encontro com um analista, a manifestação da subjetividade possa ter lugar e tempo, para que a singularidade de cada um possa advir. E, diante disso, o leque amplo, que refresca a prática, os profissionais da rede, a solução dos sujeitos e, por fim, a cidade.

A Construção do Caso Clínico é um norteador da sua prática e, por isso mesmo, o objeto eleito para a investigação de um mestrado. Trata-se de uma noção extraída da clínica de orientação lacaniana introduzida no Brasil, mais precisamente em Belo Horizonte, pelo psicanalista italiano Carlo Viganó. A construção do caso clínico proposta por ele em uma instituição de saúde mental na Itália deu margens à inauguração, em alguns pontos da Rede de Atenção Psicossocial de Belo Horizonte e da Região Metropolitana, de uma nova forma de pensar e exercer a clínica. Vale ressaltar que esse método considera o contexto em que se instala – questões políticas, ideológicas –, mas "tem o firme propósito de demonstrar que é possível ter uma avaliação que contenha em si a transferência como eixo da clínica", nos diz Gladston. Construir o caso clínico "é colocar o sujeito a trabalho, registrar seus movimentos, recolher suas passagens e conhecer a sua maneira de andar na vida". Para tanto, é fundamental desocupar a posição que "concentra um saber prévio àquilo que o sujeito pode oferecer como bússola para o seu tratamento", o propósito é sustentar uma avaliação na qual a transferência é o eixo nodal. Conduz-se a partir de. Assim, Gladston chama a atenção para o fato de que "a construção de um caso não é uma acumulação exaustiva de dados, nem o desenvolvimento de uma biografia, ciente de que nem tudo é importante," e, por isso, a necessidade da orientação teórica que permitirá pensar o real em jogo no caso.

Serve-se da clínica freudiana. E, em um bom uso dela, percorre alguns dos relatos clínicos escritos por Freud, dos primeiros casos de histeria ao caso Schreber, demonstrando os princípios rigorosos do que seria a "construção do caso clínico", no decorrer do desenvolvimento da teoria freudiana. Em Lacan, é examinado um caso clínico inaugural – o caso Aimée –, nessa mesma perspectiva. Ressalta-se a teoria da psicose em Lacan, que inicia com seu retorno ao legado freudiano da construção do caso Schreber, elevando esse caso ao paradigma da clínica. Um exemplo diferenciado de qualquer outro, por revelar com clareza as propriedades formais do inconsciente, de tal forma que o lugar do sintoma, a função que ocupa na estrutura, e os elementos presentes ao longo do desenvolvimento da sua psicose que se repetem ou se modificam, transmutando ao ponto ápice de estabilização do seu delírio. Como uma etapa inicial do trabalho de pesquisa, essa só prepara o leitor atento e interessado na construção do caso clínico de uma psicose no campo da Saúde Mental, ancorado nos alicerces do nosso tempo.

Então, conhecemos o Jovem de Bárbara-Cena, um paciente atendido em um Centro de Atendimento Psicossocial (CAPS), em companhia dos percalços e trilhas da cidade. E o Jovem de Bárbara-Cena não está só, além dos vários que cruzam, ampliam, ajudam, desentendem ou causam empecilhos à sua possibilidade de caminhar, está Gladston, parceiro disponível e atento.

A tessitura da escrita do caso é, tal como foi realizado seu atendimento, à luz dos princípios da psicanálise de orientação lacaniana. Alerta ao risco de incorrer nas ações assistencialistas e da ordem rija, não confundindo a Saúde Mental com o que a pública demanda.

Marcos da investigação acadêmica podem ser vistos na pesquisa dos registros nos prontuários, das anotações dos atendimentos, das informações fornecidas pelos familiares, nos relatos das reuniões e encontros com os profissionais de diversos locais das políticas destinadas a saúde, assistência, educação. Afirmo que a leitura flui no lastro do desejo de transmitir o quão trabalhoso, difícil, mas não sem alegrias, é possível realizar a construção de um caso clínico de psicose, com o agravante da presença de uma importante debilidade, na Rede de Saúde Mental. A clínica dos detalhes indica a importância de recolher os restos e tocos de linguagem que ora arranham, ora perturbam o corpo. Importa ofertar um espaço no qual o falasser possa dar um tratamento ao seu

Outro cruel e perseguidor, construindo laços sociais que edificam sua morada. Passar a habitar um corpo com alento, ao menos um pouco afastado das passagens ao ato aterradoras como um recurso quase exclusivo nas relações com seus pares e estranhos, e com ele mesmo. Ele passa a circular, a se afastar, a encontrar seu lar, a falar, revelando ora histórias inusitadas do que o constitui, ora banalidades do seu dia a dia. Ele endereça o seu não e porta um sim ao que a vida proporciona de encantos contingentes. Ele, e o caso clínico construído para nos apresentar a ele, nos interessa.

Lacan (1967/2006),[1] em *Meu Ensino*, faz uma crítica às Universidades, ele afirma ser "raríssimo que uma coisa feita na Universidade possa ter consequências" (p. 35), mas, "quando se agarra o freio com os dentes" (p. 35), é possível. Qual foi a consequência do trabalho realizado na Universidade com a produção de uma dissertação de mestrado, que hoje podemos ler neste livro? Não apenas produzir um saber sobre a clínica, sobre a Rede que sustenta a lógica antimanicomial, nos serviços substitutivos, aos casos em situações graves. A primeira consequência é o próprio fato de acolher questões contemporâneas da Saúde Mental em sua interface com a psicanálise, e aprender com os casos exigentes de densas e delicadas manobras na transferência, que não se realiza sem dar tratamento aos espaços da Rede e sem as invenções que escapam às teorizações prévias. São criatividades da ordem do ato. Onde o espaço dos serviços, os profissionais envolvidos e o sujeito do caso vivenciam algo depois do qual nunca mais são os mesmos, e que só pode ser verificado *a posteriori*. Acolher o desejo de elaborar e sistematizar uma prática de tal

1 LACAN, Jacques. *Meu ensino*. Tradução de André Telles. Rio de Janeiro: Jorge Zahar, 2006.

ordem é acolher as consequências do que a Rede de Saúde Mental funda na cidade: uma mudança viva na forma de tratar os habitantes que enlouquecem com o ritmo frenético de determinar lugar nenhum para a diferença radical de cada sujeito. O mundo contemporâneo segrega e rechaça a solução de cada sujeito obter satisfação da forma como se estrutura na vida, em última instância, o sintoma de cada um, propondo eliminar em vez de tratar. Por fim, uma outra consequência, quiçá a mais saborosa: muitos poderão ler, aprender, se inspirar no texto que a Universidade não impediu e orientou. A liberdade da escrita convoca-nos a não recuar da política da clínica: a política do sintoma e suas consequências. Este livro é consequência do desejo de um trabalhador decidido. Acho que este livro é um presente para os trabalhadores das Redes de Saúde Mental espalhados por este Brasil afora, e que, mais do que nunca, devem resistir e se reinventar. A construção de um caso clínico exige a construção de uma rede ampliada, que suporta furos, que preza pelo equívoco da língua, pelos furos, pelos laços e pela fonte constante das letras que escrevem coisas. Publicar é consequência. Que venham os próximos!

CRISTIANE BARRETO

Psicanalista, membro da Escola Brasileira de Psicanálise (EBP) e da Associação Mundial de Psicanálise (AMP). Foi supervisora clínica da Rede de Saúde Mental de Belo Horizonte por 07 anos.

PREFÁCIO

Com o título *A construção do caso clínico: a Psicanálise aplicada à Saúde Mental e o trabalho em rede*, Gladston dos Santos Silva, sustentando-se em sua experiência como Técnico de Referência em um Centro de Atenção Psicossocial e na psicanálise de orientação lacaniana aplicada à saúde mental, enuncia sua trajetória no campo da saúde mental, que iniciou em seu tempo de estagiário do Curso de Graduação em Enfermagem, na década de 1980, quando se deparou com várias situações que lhe propiciaram reflexões e questionamentos sobre o que fazer diante das questões subjetivas apresentadas pelos pacientes.

Em seu percurso, encontra a teoria psicanalítica como instrumento de formação pessoal e instrumentalização de sua atividade profissional, enquanto analista praticante em seu consultório particular e Técnico de Referência do CAPS.

Neste seu estudo, o autor objetiva contribuir na construção de referenciais de capacitação de profissionais e estudantes que atuam nos campos da saúde mental que se orientam pela psicanálise, ou não, e oferecer alternativas de intervenção a partir da construção do caso clínico de um sujeito esquizofrênico que o autor chamou de "o Jovem de Bárbara-Cena" (nome fictício), acolhido e inserido em tratamento no CAPS quando completou 18 anos e no qual permaneceu por oito anos, por não ter onde morar, devido ao abandono familiar, e por não conseguir ficar em abrigos ou albergues públicos e/ou moradias indicadas pela Secretaria de Assistência Social, devido ao baixo limiar a frustrações que desencadeavam uma intensa agitação psicomotora (APM), com auto e heteroagressividade.

Diante da proposta de formalizar a construção do caso clínico e a direção do tratamento do Jovem de Bárbara-Cena, o autor utiliza os princípios da pesquisa qualitativa, valendo-se das contribuições de Freud, a saber: *Estudos sobre a histeria* (1895) até os textos referentes à psicose na obra de Freud e Lacan, bem como as contribuições de Viganó (1999, 2010), Guimarães (2008), Figueiredo (2004), Figueiredo e Schmidt (2009), Zenoni (2000), entre outros. O autor realiza também a recuperação de dados documentais por meio dos registros nos prontuários, das anotações pessoais dos atendimentos ao paciente e das informações fornecidas pelos familiares.

Assim sendo, no presente livro, baseado na dissertação de mestrado do autor, o leitor poderá encontrar:

No Primeiro Capítulo, a revisão bibliográfica dos primeiros casos clínicos de Freud, cuja principal referência é *Estudos sobre a histeria* (1895), no qual se pode reconhecer o alcance e as consequências da influência da teoria de Charcot e de Breuer na clínica da histeria de Freud e recuperar os primeiros registros de construção de casos clínicos e quais foram os argumentos iniciais apresentados como principais pontos norteadores da construção do caso e da direção do tratamento.

No Segundo Capítulo, discute-se o caso "o Jovem de Bárbara-Cena", resgatando-se os fatos mais importantes desde o nascimento, passando pelos vários momentos de abandono e tentativa de retorno à casa da família e também pelas duas tentativas frustradas de encontrar uma casa para morar, até a efetivação da moradia definitiva num Serviço de Residência Terapêutica (SRT).

No Terceiro Capítulo, são apresentados a construção do caso clínico e os norteadores clínicos: o diagnóstico, a transferência e o secretariado do alienado, como noções oferecidas por Lacan para o tratamento possível das psicoses.

No Quarto Capítulo, o autor examinou a importância da construção do caso clínico no CAPS e o trabalho em Rede por meio dos dispositivos: supervisão clínica, matriciamento, acompanhamento terapêutico, bem como o que Lacan denominou de desejo do analista – mola propulsora para que um praticante não recue diante das psicoses.

Na Conclusão, por fim, o autor relança o desejo de que seu trabalho contribua no aprimoramento dos profissionais e estudantes que atuam nos campos da saúde mental, bem como da práxis psicanalítica, oferecendo alternativas de intervenção nos casos graves de esquizofrenia, além de possibilitar a criação de um espaço de discussão teórico-prático sobre a clínica com psicóticos, público-alvo atendido diariamente nos vários CAPS da Região Metropolitana de Belo Horizonte.

É com esse aperitivo que convido os leitores a degustarem o presente livro.

LILANY VIEIRA PACHECO

Doutora em Ciência da Saúde – UFMG. Supervisora da Rede de Saúde Mental da Prefeitura de Belo Horizonte. Psicanalisa Membro da Escola Brasileira de Psicanálise e da Associação Mundial de Psicanálise.

1. A CONSTRUÇÃO DO CASO CLÍNICO EM PSICANÁLISE

O objetivo deste capítulo é fazer um retorno aos primeiros casos clínicos de Freud usando como referência principalmente o livro *Estudos sobre a Histeria* (1895/1998), destacando a influência da teoria e experiência clínica de Charcot e de Breuer nas primeiras elaborações e argumentos iniciais de Freud sobre os principais pontos norteadores da construção do caso e da direção do tratamento.

1.1. Charcot, Breuer, Freud e os primeiros relatos clínicos

Segundo Freud (1922/1998), a melhor maneira de compreender a construção do caso clínico e a direção do tratamento em psicanálise é traçar sua origem e sua evolução. Aqui, vamos acompanhar as modificações da técnica ao longo da experiência clínica de Freud, desde suas tentativas iniciais na clínica da histeria com Charcot e Breuer.

Freud, fiel em sua busca de um método de tratamento dos sofrimentos histéricos, tentou diminuir ou extinguir os sintomas e conhecer a organização e o funcionamento do psiquismo humano. Criou e eliminou conceitos estabelecendo a construção de um sistema prático-teórico apoiado em concepções fundamentais baseado em sua própria metapsicologia.[2]

A proposta desta seção é descrever o interesse de Freud pela psicopatologia, pelo estudo da etiologia da histeria, pelos primeiros relatos clínicos e seu esforço em elaborar um método eficaz de tratamento dessa neurose.

Para alcançar esse propósito, seguiremos o caminho que o próprio Freud trilhou, começando pelo estudo com Charcot em Paris e com o livro *Estudos sobre a Histeria* (1895), escrito em conjunto com Breuer, de onde extrairemos os primeiros registros de como escrever um caso clínico e os argumentos iniciais sobre os principais pontos norteadores na direção do tratamento e da construção do caso clínico.

Freud, motivado pela decisão de casar-se com Martha Bernays e melhorar sua condição financeira, aceitou o conselho de seu mentor Ernst Wilhelm Von Brücke, para abandonar o trabalho no laboratório de fisiologia e dedicar-se à clínica médica. "Para alguém tão apaixonadamente interessado em pesquisas, como era Freud, tornar-se um clínico exigia sacrifícios dolorosos" (GAY, 1989, p. 51).

Freud buscou experiência clínica, deixou de lado as conferências e as experiências em laboratório e passou a frequentar as aulas de Jean-Martin Charcot, médico, neurologista francês e professor de patologia anatômica, na Salpêtrière em Paris, de outubro de 1885 a fevereiro de 1886, num total de quatro meses e meio (JONES, 1989).

Charcot utilizava o método de apresentação de pacientes, produzindo e modificando sintomas histéricos por sugestão hipnótica, demonstrando que a histeria era um transtorno

2 É um termo criado por Sigmund Freud que visa a esclarecer a dinâmica, a topografia (id, ego, superego) e a economia (quantidade de energia psíquica ou investimento) dos processos mentais.

mental produzido pela ação de uma ideia ou de uma representação psíquica intensamente carregada de afeto.

Ele formulou a hipótese de que a histeria era o resultado de um trauma de infância, estupros, abusos sexuais etc.. Este trauma funcionaria como um elemento desencadeador de um estado hipnoide, dito em outras palavras, estado de obnubilação, lentidão de pensamento ou estado de medo (MEZAN, 1991; ROUDINESCO; PLON, 1998).

Dessa forma, ele recuperou a histeria para o campo da medicina, pois sua posição sempre foi eminentemente médica. Classificando-a como um tipo clínico singular, distanciou-a da famosa mobilidade atribuída ao útero, que figurava constantemente na tradição hipocrática.

Assim, Charcot rompeu com a tradicional visita dos médicos aos leitos dos pacientes passando a examinar os doentes em seu consultório diante de médicos e de leigos. Utilizou o método da hipnose produzindo e eliminando sintomas nos pacientes, promovendo um diagnóstico diferencial entre a histeria e as doenças neurológicas, atribuindo à histeria um *status* de uma moléstia específica com suas próprias leis e manifestações (QUINET, 2005).

A contribuição de Charcot ao estudo da histeria foi um marco em sua trajetória profissional, principalmente no que concerne à separação entre a psicopatologia e a tradição histórica acerca dessa doença que tinha sua causalidade corporal. Outro ponto interessante e inovador é que Charcot apresentou a ideia de histeria masculina, desmistificando que esse adoecimento não é exclusivamente feminino, contribuindo para acabar ou diminuir o estigma que associava a histeria à mulher (GAY, 1989). Segundo Quinet (2005), Charcot criou uma nosologia particular para a histeria utilizando a hipnose, rompendo com a tradição psiquiátrica de que a histeria nada mais era do que a criação de vários conceitos especulativos sem importância médica. Assim Charcot atraiu para si vários opositores e críticos severos, entre eles Theodor Hermann Meynert, que o acusou de inventar a histeria a partir da sugestão. Meynert foi professor de Freud e médico-chefe do serviço de psiquiatria do Hospital Geral de Viena, onde Freud trabalhou por mais de três anos. Ele foi um dos mais puros representantes da psiquiatria organicista e grande opositor aos estudos de Freud em relação à histeria utilizando a hipnose; repeliu por completo a teoria de Freud em relação à histeria masculina (GAY, 1989; JONES, 1989).

Apesar das críticas de seu antigo professor de psiquiatria, e influenciado por Charcot, que o introduziu num mistério que ele passou grande parte de sua vida tentando resolver, Freud persistiu no estudo da histeria. Esse "mistério" que é o poder das forças mentais por trás da percepção consciente foi a mola propulsora para a construção da teoria psicanalítica.

O contato de Freud com Charcot representou uma importante mudança em sua vida profissional, influenciando-o a desistir da neuropatologia e da ciência positivista e a interessar-se pela psicopatologia e pela psicologia, conforme relatou à sua noiva Bernays:

> Acho que estou mudando muito. Vou-lhe dizer detalhadamente o que me está afetando. Charcot, que é um dos maiores médicos e um homem cujo senso comum tem um toque de gênio, está simplesmente desarraigando minhas metas e opiniões. [...] Se a semente frutificará algum dia, não sei; o que sei é que ninguém jamais me afetou dessa maneira (FREUD, 1893/1988, p. 19).

Charcot deixou uma forte impressão em Freud que levou algum tempo para desaparecer. O trabalho de Freud em construir a teoria psicanalítica jamais foi uma tarefa isolada, e sim marcada por colaboradores e por opositores que o forçaram a uma profunda reflexão e rigor teórico nas elaborações de seus casos clínicos.

1.2. A construção do caso clínico em Breuer e em Freud

Freud iniciou sua clínica de doenças nervosas na cidade de Viena em 1886, logo após o seu retorno de Paris, onde estudou na escola de Charcot. Ele comentou em seu relatório sobre os estudos em Paris e Berlim (1956 [1886]/1988) que um dos motivos de sua viagem era estudar a anatomia do Sistema Nervoso, porém quando chegou a Salpêtrière encontrou Charcot completamente afastado do estudo das enfermidades nervosas com base orgânica e totalmente empenhado na pesquisa das neuroses, principalmente da histeria. Freud ficou perplexo diante do novo método apresentado pelo mestre e pediu permissão para traduzir para o alemão as conferências que incluíam essa novidade teórica (FREUD, 1886/1988).

No início Freud atendeu prioritariamente pacientes histéricos, utilizando os tratamentos tradicionais, como a hidroterapia (uso da água para fins terapêuticos), a eletroterapia (aplicação de uma suave corrente elétrica nas partes atingidas do corpo do paciente), o método do repouso de Weir Mitchell (consiste em um regime de repouso no leito, isolamento, dieta, massagem e eletroterapia) e as massagens, que rapidamente se mostraram ineficazes levando ao uso da hipnose, conforme escreveu ao seu amigo Fliess numa carta datada de 28 de dezembro de 1887: "Nessas últimas semanas, atirei-me à hipnose e logrei toda espécie de sucessos pequeninos, mas dignos de nota" (FREUD, 1893/1988, p. 19).

Freud usou a hipnose de forma convencional e logo após decidiu utilizar o método catártico de Josef Breuer, com quem tinha relação de amizade desde o laboratório de Brücke. Nessa época Breuer já era um médico de renome, bem-sucedido profissionalmente, e numa ocasião relatou a Freud um caso que atendeu dez anos antes, entre 1880 e 1882 (FREUD, 1893/1988).

Freud ficou fascinado pelo caso conhecido pelo pseudônimo de Anna O e pelo *método catártico*[3] utilizado por Breuer.

Anna O era uma jovem de 21 anos, de família rica, que apresentou um quadro de histeria grave, com paralisia motora, distúrbios de consciência e várias inibições que teve êxito pelo método catártico (GAY, 1989; JONES, 1989; FREUD, 1893/1988; ROUDINESCO; PLON, 1998).

Durante sua estadia em Paris, Freud tentou discutir esse caso com Charcot, porém ele não demonstrou nenhum interesse em ouvi-lo (FREUD, 1925/1988).

Freud mostrou-se profundamente interessado pela psicopatologia clínica. Dedicou-se ao estudo da histeria e convidou Breuer para publicarem um artigo sobre o assunto. Pesquisaram a etiologia dos sintomas histéricos com o objetivo de criar uma teoria eficaz de tratamento baseado no primeiro caso bem-sucedido de Anna O. Os dois passaram a observar e anotar diversos tipos de histeria em vários pacientes atendidos por eles, usando a técnica de catarse utilizada por Breuer, durante o atendimento de Anna O.

3 Termo atribuído por Sigmund Freud e Josef Breuer à palavra grega "catarse" – utilizada por Aristóteles para designar o processo de purgação ou eliminação das paixões que se produz no espectador quando, no teatro, ele assiste à representação de uma tragédia – para dar nome ao procedimento terapêutico pelo qual um sujeito consegue eliminar seus afetos patogênicos e então ab-reagi-los, revivendo os acontecimentos traumáticos a que eles estão ligados (ROUDINESCO; PLON, 1998, p. 107).

Os casos foram publicados no livro *Estudos sobre a Histeria* (1893-1895/1988) e no artigo "Comunicação Preliminar", publicado em 1893 e reeditado em 1895, compondo o primeiro capítulo do livro.

Com base nesse trabalho em conjunto com Breuer, destacamos os inúmeros obstáculos e impasses que atravessaram a condução do tratamento, demandando dos autores criatividade e determinismo para inventar recursos técnicos e abandonar procedimentos que não se mostraram eficazes no decorrer do tratamento.

Como ponto de partida, iniciamos com o famoso caso de Anna O, atendido por Breuer, e quatro casos atendidos por Freud, para delimitar os aspectos fundamentais sustentados por cada autor e os norteadores para a direção do tratamento eleito por cada um. Objetivamos citar os pontos de concordância e de discordância e os elementos fundamentais criados por eles na direção do tratamento.

Iniciamos então com o relato que Breuer faz do caso Anna O, salientando a inovação do tratamento dessa paciente que sofria de graves sintomas histéricos. Breuer relatou passo a passo as dificuldades na condução clínica e detalhou o método criado por ele baseado na liberação de afetos retidos que causavam os sofrimentos da paciente.

1.3. O caso clínico de Anna O e a direção do tratamento proposto por Breuer

Norteadores clínicos: diagnóstico, anotar as palavras sem sentido faladas por Anna O em estado de *absence*, repetir as palavras proferidas em *absence* durante a hipnose, catarse e ab-reação.

A importância deste caso neste estudo é demonstrar como Breuer criou o método clínico e conduziu o tratamento de um caso grave de histeria. Para alcançar esse objetivo vamos contextualizar brevemente o caso e extrair os norteadores que possibilitaram a criação do método catártico e a direção do tratamento da paciente.

Breuer foi médico do pai de Anna O e começou a atendê-la quando ela apresentou vários sintomas enquanto cuidava do pai doente. Anna O apresentou um quadro de fragilidade, anemia e intenso acesso de tosse, evoluindo rapidamente para cefaleia occipital, estrabismo convergente (diplopia), paresias do músculo do pescoço e dos membros inferiores, perturbações da visão e da fala, dificuldade de ingerir líquidos, paralisia espástica da extremidade do braço, parafasia (palavras inadequadas que formavam frases sem sentido), sonambulismo persistente, esquecimento da língua materna – o alemão – associado a um grande número de sintomas crônicos que surgiram depois que o pai, por quem ela nutria uma grande admiração, contraiu tuberculose e morreu no espaço de um ano (BREUER *apud* FREUD, 1893/1988; GARCIA-ROZA, 1988; JONES, 1989; ROUDINESCO; PLON, 1998).

Segundo Breuer (1893/1988), a paciente sempre foi saudável e não apresentou nenhum sinal de sofrimento mental na infância nem na adolescência. Tinha histórico familiar de neuropatia grave entre seus parentes distantes, mas os seus pais eram saudáveis nesse sentido. Inteligente, generosa, solidária, intuitiva, esperta, dotada de dons poéticos e imaginativos eram os adjetivos usados por Breuer ao se referir a sua cliente. Ele identificou também oscilação de humor de forma muito intensa e imprevisível, levando-a aos extremos de alegria ou tristeza. O excesso de alegria e o elevado estado de tristeza ocorriam devido a alguma situação que a perturbava de modo espontâneo ou por situação ocorrida no passado.

Sua família era pacata e puritana e ela levava uma vida sem muitas novidades. Segundo Breuer, a sua noção da própria sexualidade não era desenvolvida e durante o tratamento ele não percebeu nenhuma manifestação de erotismo (BREUER *apud* FREUD, 1893/1988).

Breuer (1893/1988) destacou quatro fases diferentes de manifestações sintomáticas da paciente, ligadas à doença e morte do pai, classificando-as de: incubação, doença manifesta, agravamento dos sintomas e cura.

A fase de incubação foi caracterizada pelo momento em que a paciente se dedica ao cuidado do pai doente. Aos poucos iniciou com um quadro de anemia, astenia, diminuição do apetite e intenso acesso de tosse.

Na segunda fase ela apresentou distúrbios da visão, da linguagem, da motricidade, cefaleia occiptal esquerda, estrabismo convergente (diplopia), queixa de que as paredes estavam caindo. Misturava diversos idiomas, não sabia mais expressar-se em alemão, que era a língua materna, e falou somente em inglês.

Foi nessa fase que Breuer a encontrou quando a visitou pela primeira vez, reconhecendo de imediato a gravidade da perturbação psíquica com que teria de lidar. "Havia dois estados de consciência inteiramente distintos, que se alternavam, de modo frequente e súbito, e que se tornaram cada vez mais diferenciados no curso da doença" (BREUER *apud* FREUD, 1893/1988, p. 59).

Com isso Breuer teve acesso, por acaso, a dois estados distintos de consciência que coexistiam simultaneamente. Uma consciência considerada por ele como normal, em que ela reconhecia o ambiente familiar, e a outra secundária, *absence*, ou crepuscular, em que ela ficava exaltada, agressiva, apresentava alucinações visuais (cobras negras e caveiras), arrancava os botões de sua roupa com as mãos e dizia várias palavras sem sentido. "Mas essas perturbações invadiram até mesmo seus momentos de consciência relativamente clara" (BREUER *apud* FREUD, 1893/1988, p. 60).

Breuer constatou que a passagem de um estado de consciência para o outro ocorria de forma espontânea ou provocada por qualquer estímulo sensorial ou lembrança de algo desagradável vivenciado pela paciente num passado recente ou distante.

A terceira fase foi marcada por um agravamento dos sintomas com forte ideação de autoextermínio, culminando na internação da paciente em um sanatório.

A quarta e última fase foi caracterizada pela extinção progressiva dos sintomas e pela cura da paciente tal como descrevemos a seguir. Com o método de rememoração das lembranças traumáticas, os dois estados de consciência uniram-se novamente e a paciente recuperou sua consciência sem divisão e conseguiu olhar para o passado sem sofrimento. Voltou a falar alemão e curou-se da paralisia.

Ao final do tratamento, Breuer relatou que Anna O viajou e ficou totalmente curada; "mas passou-se um período considerável antes que recuperasse inteiramente seu equilíbrio mental. Desde então, goza de perfeita saúde" (BREUER *apud* FREUD, 1893/1988, p. 73).

Antes de prosseguir, é preciso voltar à segunda fase para descrever como Breuer identificou os dois estados de consciência e como conduziu o tratamento nessa fase.

Durante os atendimentos Breuer percebeu que no estado de *absence* ela falava várias palavras sem nexo, soltas, sem articulação em um contexto reconhecível. Ele decidiu então pedir à família dela que anotasse essas palavras, o que ele também fez. Com a paciente hipnotizada ele repetia as palavras anotadas pela família e a estimulava para falar o que vinha à cabeça quando ouvia aquelas palavras. Percebeu então que ela entrava em estado de paroxismo, apresentando uma resistência em contextualizar essas palavras soltas. Com insistência e estímulo, ela começou a rememorar a cena contextualizando a palavra que antes estava sem sentido. Ele notou que o sintoma desaparecia após rememoração da cena e contextualização da palavra. Repetiu esse ato com todas as palavras anotadas por ele e pela família e obteve o mesmo resultado, a rememoração da cena na qual o afeto havia sido bloqueado. Com esse procedimento ocorreu o desaparecimento dos sintomas.

> Esses achados – de que, no caso dessa paciente, os fenômenos histéricos desapareciam tão logo o fato que os havia provocado era reproduzido em sua hipnose – tornaram possível chegar-se a uma técnica terapêutica que nada deixava a desejar em sua coerência lógica e sua aplicação sistemática. Cada sintoma individual nesse caso complicado era considerado de forma isolada; todas as ocasiões em que tinha surgido eram descritas na ordem inversa, começando pela época em que a paciente ficara acamada e retrocedendo até o fato que levara à sua primeira aparição. Quando este era descrito, o sintoma era eliminado de maneira permanente (BREUER *apud* FREUD, 1893/1988, p. 68).

Assim, Breuer (1893/1988) constatou que Anna O apresentava melhora da organização psíquica, ficando calma, alegre e apaziguada quando na hipnose ela conseguia falar das alucinações que tivera durante o dia. "Quando, por qualquer motivo, não podia narrar-me a história durante a hipnose do anoitecer, não conseguia acalmar-se depois, e no dia seguinte tinha que me contar duas histórias para que isso acontecesse" (BREUER *apud* FREUD, 1893/1988, p. 64).

Desse modo Breuer procedeu com todas as palavras anotadas. Primeiro ele hipnotizava a paciente e repetia para ela as palavras soltas estimulando-a a associá-las aos eventos traumáticos, e assim promoveu a liberação dos afetos presos a essa cena do estado de *absence*, que estava produzindo os efeitos da doença. Postulou que são essas lembranças e não o acontecimento em si que causam os sintomas histéricos.

Com esse resultado clínico Breuer criou e utilizou o método catártico, ferramenta importante e decisiva na direção do tratamento por proporcionar à cliente reviver a cena do passado e liberar o afeto associado a essa cena que produzia os sintomas somáticos (paralisias, cegueiras, macropsia visual etc.). Com o método catártico ele percebeu que houve uma liberação de afeto que tinha sido retido e deslocado para o corpo.

Esse método criado por ele foi o instrumento essencial para condução do tratamento.

Anna O. nomeou o método catártico, criado por Breuer, como "cura pela palavra" (*Talking cure*) e "limpeza de chaminé" (*Chimney-sweeping*), que consistia em hipnotizar a paciente e estimular para que ela falasse livremente e, assim, promover uma ab-reação, quer dizer, promover uma descarga emocional, liberando o afeto ligado à lembrança de um trauma, anulando seus efeitos patogênicos.

Breuer confessou que foi pego de surpresa, pois não sabia *a priori* a condução do caso nem que o método criado por ele não foi imposto a Anna O por sugestão hipnótica. "Fui apanhado inteiramente de surpresa, e só depois de todos os sintomas serem assim eliminados em toda uma série de situações é que desenvolvi uma técnica terapêutica a partir dessa experiência" (BREUER *apud* FREUD, 1893/1988, p. 78).

Segundo Breuer, ele criou o método catártico casualmente. Por meio desse método, Anna O resgatou várias cenas de sua infância e chorou compulsivamente, liberou o afeto que estava retido, ou seja, promoveu uma descarga emocional, e aquele acontecimento que estava restrito ao estado crepuscular agora se encontrou com o afeto original. Assim, Breuer identificou o acontecimento que, a princípio, ocorrera no passado da paciente e que causou sintomas e fenômenos histéricos e pôde ser descarregado.

> Mas, além de tudo isso, o trabalho a ser executado pela paciente e por seu médico era imensamente aumentado por um terceiro grupo de perturbações isoladas, que tinham de ser eliminadas da mesma maneira. Tratava-se dos eventos psíquicos em jogo no período de incubação da moléstia, entre julho e dezembro de 1880; eles é que haviam produzido todos os fenômenos histéricos e, quando receberam expressão verbal, os sintomas desapareceram (BREUER *apud* FREUD, 1893/1988, p. 68).

Dentre os vários sintomas apresentados, destacamos os três que causaram intenso sofrimento a Anna O, que *a priori* nem o médico nem a paciente conseguiam explicar o motivo: o sintoma similar à hidrofobia, a paralisia espástica da extremidade do braço e a macropsia e estrabismo convergente.

Segundo Breuer (1893/1988), Anna O não conseguia beber água, saciava a sede com frutas, principalmente melões. O motivo foi descoberto por acaso, quando durante a hipnose a paciente falou com expressão de nojo e repugnância que viu um cachorro bebendo água em um copo, no quarto da dama de companhia, de quem ela não gostava. No momento da cena não disse nada por não querer ser desagradável, mas achou aquilo muito nojento. Depois de ter narrado essa cena com demonstração de repugnância, pediu um copo de água e bebeu sem nenhuma resistência. Despertou da hipnose com o copo de água na mão e a partir de então não apresentou mais esse sintoma, bebendo água normalmente. Breuer percebeu com espanto que uma fala inesperada e verdadeira pode levar a uma ab-reação, promovendo a descarga do afeto retido em uma cena, fazendo desaparecer o sintoma.

No segundo caso, Anna O. reviveu em hipnose uma noite que passou cuidando do pai e na qual ficou muito tensa e preocupada com a cirurgia que ele iria fazer no dia seguinte. Acabou adormecendo sentada à cabeceira do pai doente, com o braço direito sobre o espaldar da cadeira. Sonhou com uma cobra negra vindo da parede e indo na direção do pai para mordê-lo. Ela tentou manter a cobra longe da cama do doente, mas seu braço direito que estava no espaldar da cadeira ficara dormente e ela nada podia fazer para afugentar a cobra e proteger o pai. Anna, apavorada, tentou rezar, mas não encontrou palavras. Foi acordada com o apito do trem que passava por perto. Depois desse fato, todos os objetos que lembravam a figura da cobra faziam o braço ficar distendido, com rigidez imediatamente.

Quanto à macropsia e ao estrabismo convergente, Anna O resgatou a cena de quando estava chorando baixinho ao perceber que a doença do pai estava se agravando. Ele perguntou as horas. Com os olhos marejados, ela não conseguiu enxergar os ponteiros do relógio e assim iniciou com o sintoma.

Com essa descoberta clínica, Breuer utilizou o termo ab-reação para expressar esse afeto que foi liberado na situação de hipnose. O conceito de ab-reação, portanto, indica um processo de descarga emocional que desprende o afeto ligado à lembrança de um trauma, anulando o seu efeito doentio. "Descarga emocional pela qual um indivíduo se liberta do afeto ligado à recordação de um acontecimento traumático, permitindo-lhe assim não se tornar ou continuar patogênico" (LAPLANCHE; PONTALIS, 1988, p. 21).

Podemos dizer com Breuer que houve a rememoração da cena acompanhada do afeto que deveria ter sido expresso naquela época e por algum motivo esse afeto foi desviado para o corpo, causando uma histeria de conversão. Cada sintoma foi isolado e tratado individualmente. E assim foram eliminados a parafasia, os distúrbios da visão e da audição, as tosses e tremores, "e por fim seus distúrbios da fala foram 'removidos pela fala'" (BREUER *apud* FREUD, 1893/1988, p. 69).

Segundo Breuer (1893/1988), o trabalho de rememoração nem sempre era fácil, algumas vezes demandava muito esforço por parte da paciente. Ele relatou uma ocasião em que o tratamento ficou impedido de prosseguir devido a uma lembrança que causava sofrimento e medo, e por esse motivo não aflorava na consciência. Tratava-se de uma lembrança assombrosa que Anna O contou, depois de muita resistência, que vira o seu rosto pálido como se fosse uma caveira. Durante a hipnose, ela conseguiu falar que ao entrar no quarto do pai doente vira o seu rosto magro refletivo no espelho, mas assumiu que não era o rosto dela e sim o rosto do pai.

Munido desse aporte teórico clínico e com a convicção da disposição inata e do estado hipnótico peculiar, denominado por Breuer de *absence*, a direção do tratamento proposto por ele foi propiciar a descarga do afeto que ficou coartado (retido) na cena traumática, tendo como resultado o restabelecimento do equilíbrio intracerebral, removendo os sintomas do paciente.

> Depois que um distúrbio dessa natureza desapareceu e os dois estados de consciência voltaram a se fundir num só, os pacientes, lançando um olhar retrospectivo para o passado, se veem como a personalidade única e indivisa que se dava conta de todo aquele absurdo; acham que poderiam tê-lo impedido se assim tivessem desejado e se sentem como se tivessem praticado todo o mal de forma deliberada (BREUER *apud* FREUD, 1893/1988, p. 78).

Breuer permaneceu fiel à linguagem fisicalista e à teoria organomecanicista, defendendo que a etiologia da histeria é causada por questões neurológicas, apesar de admitir que a causa seja psicogênita, quer dizer, causada por fenômenos somáticos com origem psíquica e, em outros casos, ideogênicos. Isto nos mostra que Breuer ficou centrado em dois pontos fundamentais – na predisposição genética e nas condições de excitabilidade do sistema nervoso – e não conseguiu aceitar a importância da sexualidade como um fator etiológico.

Segundo Jones (1989), Freud contou-lhe muito mais detalhes do caso de Anna O e das circunstâncias do final do tratamento do que Breuer narrou no caso clínico. Para Breuer, a paciente não apresentou nenhuma manifestação de sexualidade, nem fez alusão a assuntos proibidos de cunho sexual durante todo o tratamento. Porém, quando Breuer anunciou o término do tratamento, a paciente apresentou fortes dores abdominais, e ele foi chamado com urgência. Ele a encontrou em estado de profunda agitação, tão grave quanto no início do tratamento:

> encontrava-se agora em dores de parto histérico (pseudociese), culminação lógica de uma gravidez fantasmagórica que se vinha desenvolvendo invisivelmente em resposta ao trabalho de Breuer. Embora profundamente chocado, procurou acalmá-la hipnotizando-a, e a seguir foi para casa, suando frio (JONES, 1989, p. 232).

Ellenberger Henri F. (1970) *apud* Roudinesco e Plon (1998), autor de uma pesquisa sobre a historiografia de Anna O, teve acesso a um relatório escrito por Breuer sobre esse caso clínico em que desmentiu a versão de Jones (1989) da famosa gravidez psicológica. "Em 1972, Ellenberger publicou sua revisão da história, que estabeleceu [...] que a famosa gravidez nervosa nunca aconteceu" (ROUDINESCO; PLON, 1998, p. 570).

Nessa perspectiva, podemos constatar que a questão da sexualidade foi o motivo que levou Breuer a abandonar o caso de Anna O e que impulsionou Freud a se apropriar do caso para construir os norteadores para a direção do tratamento.

Por essa via – partindo dos sintomas histéricos e seguindo pela investigação das lembranças investidas de afeto –, Freud chegou ao reconhecimento da sexualidade como agente etiológico da histeria, constatação que Breuer não aceitou e com a qual não concordou. Esse fato mostra a importância da sexualidade na etiologia da histeria para Freud, um dos pontos de discordância entre os dois autores a respeito do estudo da histeria. Portanto, Anna O teve uma importância ímpar para Freud porque ofereceu a semente da sexualidade na criação dos sintomas histéricos, propiciando o nascimento da psicanálise.

Vejamos agora qual foi o caminho que Freud percorreu no contato com a clínica da histeria e qual foi a direção proposta por ele.

1.4. Os primeiros casos clínicos de Freud e a direção do tratamento na Clínica da Histeria

A proposta inicial de Breuer e Freud era atender, observar e anotar os diversos tipos clínicos de histeria utilizando os mesmos norteadores usados por Breuer no tratamento de Anna O. Conforme relato a seguir, Freud revelou que não conseguiu segui-los fielmente. O inesperado da clínica o fez inovar, modificar a técnica e criar novos norteadores.

> Resolvi fazer uso da técnica de investigação sob hipnose, de Breuer, que eu viera a conhecer pelo relato que ele me fizera do bem-sucedido tratamento de sua primeira paciente. Essa foi minha primeira tentativa

> de lidar com aquele método terapêutico [...]. Estava ainda longe de tê-lo dominado; de fato, não fui bastante à frente na análise dos sintomas, nem o segui de maneira suficientemente sistemática (FREUD, 1893/1988, p. 79).

1.4.1. Caso Sra. Emmy von N., da Livônia

Norteadores clínicos: diagnóstico, catarse, deixar a paciente falar em estado de vigília.

Este foi o primeiro caso escrito por Freud no artigo "Comunicação Preliminar" (1893/1988), que fora tratado de acordo com as orientações do método catártico de Breuer.

A paciente chegou a Freud por indicação do próprio Breuer. Tinha aproximadamente 40 anos, era viúva de um empresário bem-sucedido, que lhe deixou de herança a empresa, duas filhas e a suspeita dos familiares do marido de ser a culpada da morte do esposo.

Emmy sofria de problemas nervosos e tal qual Anna O apresentava excelente qualidade intelectual e moral. Freud prescreveu banhos mornos, massagens e hipnose. A paciente não demonstrou resistência à hipnose e, neste estado, contou a origem dos medos delirantes, das alucinações visuais (via ratos e sapos) e das lembranças de sua infância.

Na busca da origem dos sintomas, Freud falava muito mais que a paciente, fato que resultou em que, em determinado momento, ele fosse surpreendido pela abordagem da paciente que lhe pediu que ficasse em silêncio, não a interrompesse com perguntas e que a deixasse falar livremente sobre as suas queixas.

> Disse-me então, num claro tom de queixa, que eu não devia continuar a perguntar-lhe de onde provinha

> isso ou aquilo, mas que a deixasse contar-me o que tinha a dizer. Concordei com isso e ela prosseguiu, sem nenhum preâmbulo (FREUD, 1893/1988, p. 91).

A partir desse pedido, Freud iniciou uma mudança na técnica pedindo à paciente que falasse em estado de vigília tudo o que estava acontecendo com ela e assim encerrou o tratamento como um caso bem-sucedido.

Contudo, um ano após a alta, a paciente apresentou uma recaída, voltando a se tratar com Freud. Nesse retorno a paciente revelou um fato durante a hipnose que Freud acreditava ter apagado da consciência dela. Esse fato tinha um caráter erótico que a levou a dar uma informação falsa, mesmo em hipnose.

Freud revelou que, no primeiro momento do tratamento, Emmy sob hipnose informou que o quadro de gagueira iniciou-se depois de um choque que experimentara num hotel onde estava hospedada. Ela relatou que um garçom havia se escondido em seu quarto e no escuro ela o confundiu com um casaco e, quando estendeu as mãos para pegá-lo, o homem levantou-se e ela levou um tremendo susto. Freud acreditava que havia eliminado essa imagem da mente da paciente, porém, nesse segundo momento do tratamento, ela novamente sob hipnose fala do mesmo fato, mas com modificações e mais detalhes.

Relatou que encontrou um homem dentro do quarto da empregada. Com essa informação, Freud de imediato percebeu que o fator erótico dessa cena havia levado a paciente a produzir um relato falso. "Isso me ensinou que uma história incompleta sob hipnose não produz nenhum efeito terapêutico" (FREUD, 1893/1988, p. 104).

Ao final do relato do caso, Freud extraiu considerações importantes sobre o mecanismo psíquico que corrobora o diagnóstico de histeria associando a maioria dos sintomas apresentados pela paciente a um sofrimento em determinado momento da vida ou a um distúrbio orgânico, como as cãibras no pescoço que indicavam um quadro de enxaqueca. Freud ampliou sua análise das variadas formas de apresentação do sintoma dentro de uma perspectiva do diagnóstico diferencial. "A menos que tenhamos em primeiro lugar chegado a um acordo completo sobre a terminologia em jogo, não é fácil resolver se um caso particular deve ser considerado como sendo de histeria ou de alguma outra neurose" (FREUD, 1893/1988, p. 109).

Ao estudar os sintomas apresentados por Emmy, principalmente as abulias, Freud começou a duvidar da teoria de Bernheim, com quem passou várias semanas durante o verão de 1889 com a intenção de aperfeiçoar a sua técnica hipnótica. Freud traduziu duas obras importantes: *Da sugestão e suas aplicações à terapêutica*, em 1889, e *Hipnotismo, sugestão, psicoterapia*, em 1892. Durante o relato do caso clínico de Emmy, Freud já não acreditava mais na premissa de Bernheim de que "tudo está na sugestão":

> E até hoje não posso compreender como se pode supor que, apenas levantando um dedo e dizendo uma vez "durma", eu tinha criado na paciente o estado psíquico peculiar em que sua memória tinha acesso a todas as suas experiências psíquicas. Talvez eu tenha *evocado* esse estado com minha sugestão, mas não o criei, visto que suas características – que, aliás, são encontradas universalmente – foram uma grande surpresa para mim. O relato do caso esclarece suficientemente a maneira como o trabalho terapêutico foi conduzido durante o sonambulismo (FREUD, 1893/1988, p. 122).

Mesmo sofrendo forte influência da teoria de Charcot, Bernheim e Breuer, que defendiam que a condição para o tratamento só seria possível sob o efeito da hipnose, Freud optou por restituir a liberdade e o direito à fala de seus pacientes, abandonando a hipnose e privilegiando a escuta dos sintomas.

Segundo Freud (1893/1988), ele aceitou a proposta da Sra. Emmy von R., da Livônia, ficando em silêncio e deixando-a falar. Assim nasceu a regra fundamental da psicanálise vigente até os dias atuais, a associação livre, que consiste em deixar o paciente falar sem ser interrompido.

A partir desse caso, Freud passou a ouvi-la em silêncio, apurando a escuta clínica.

1.4.2. Caso Miss Lucy R.

Norteadores clínicos: diagnóstico, paciente deitada de olhos fechados, pedir que falasse tudo o que viesse à cabeça, iniciar a análise a partir da demanda da paciente de alívio de seus sintomas.

Miss Lucy R. tinha 30 anos quando foi encaminhada a Freud por um colega médico que a tratava de rinite crônica e percebeu que ela iniciou com um quadro de depressão, peso na cabeça e sensação subjetiva do olfato. Ela era governanta na casa de um gerente de uma fábrica no entorno de Viena.

Na busca por uma experiência traumática, Freud perguntou qual o odor que a incomodava regularmente; ela respondeu que era um cheiro de pudim queimado. "Resolvi então fazer do cheiro de pudim queimado o ponto de partida da análise" (FREUD, 1893/1988, p. 128).

Com esse ato Freud formula o dispositivo técnico que nos orienta que devemos começar a análise a partir da demanda do paciente de alívio de seus sintomas, promovendo a direção do tratamento na particularidade de cada caso.

Miss Lucy R. não entrou em estado de sonambulismo, apresentando um impasse terapêutico.

> Vi-me, por conseguinte, defrontado com a opção de abandonar o método catártico na maioria dos casos que lhe seriam apropriados ou aventurar-me à experiência de empregar esse método sem o sonambulismo, quando a influência hipnótica fosse leve ou mesmo quando sua existência fosse duvidosa (FREUD, 1893/1988, p. 128).

Freud relembrou a frase do eminente Dr. Liébeault durante seus estudos na clínica de Nancy, em 1889: "Se ao menos tivéssemos meios de pôr todos os pacientes em estado de sonambulismo, a terapia hipnótica seria a mais poderosa de todas" (FREUD, 1893/1988, p. 128).

Segundo Freud, a clínica de Bernheim era o centro de especialidades em hipnose e acreditava-se ser possível aprender essa arte. Porém, sua experiência clínica com os pacientes mostrava outra realidade. Com a soberania da clínica, Freud descobriu que nem todos eram hipnotizáveis e constatou não ter perfil para hipnotizador.

> Mas logo que tentei praticá-la com meus próprios pacientes, descobri que pelo menos *meus* poderes estavam sujeitos a graves limitações e que, quando o sonambulismo não era provocado num paciente nas três primeiras tentativas, eu não tinha nenhum meio de induzi-lo. A percentagem de casos acessíveis ao sonambulismo era muito menor, em minha experiência, do que a relatada por Bernheim (FREUD, 1893/1988, p. 128).

Diante desse impasse, Freud passou a pedir aos seus pacientes que se deitassem, fechassem os olhos como meio de se manterem concentrados e falassem tudo o que lhes viesse à cabeça.

> Nas primeiras ocasiões em que usei esse método (não foi com *Miss* Lucy R.), eu próprio me surpreendi ao constatar que ele me proporcionava precisamente os resultados de que eu necessitava. E posso afirmar com segurança que quase nunca me deixou em dificuldades desde então. Sempre apontou o caminho que a análise deveria seguir e me permitiu conduzir cada uma dessas análises até o fim sem o emprego do sonambulismo (FREUD, 1893/1988, p. 130).

Freud insistiu na eliminação da sensação do cheiro do pudim queimado revelando para a paciente o seu amor pelo patrão. Constatou que o cheiro diminuiu consideravelmente quando ela conseguiu falar sobre esse amor não correspondido e sobre os conflitos com os outros empregados da casa. Porém, para decepção de Freud, surgiu um novo sintoma no lugar, o cheiro semelhante ao de fumaça de charuto, sintoma variável do mesmo amor pelo patrão.

Freud considerou esse caso clínico como um protótipo de um tipo específico de histeria, que pode ser desenvolvida em qualquer pessoa sem problemas hereditários e sem experiência traumática na infância, sem nenhuma predisposição à doença. Constatou com esse caso que a histeria pode ser adquirida sem saber ainda qual a condição *sine qua non* para adquiri-la.

1.4.3. Caso Katharina

Norteadores clínicos: diagnóstico, pedir que falasse tudo o que viesse à cabeça, a sexualidade na etiologia da histeria e a presença da resistência.

Cada vez mais envolvido com a clínica, Freud buscou a chave para esclarecer os mecanismos de ação da histeria e não poupou esforços para atender Katharina durante seu período de férias numa das mais altas cordilheiras dos Alpes Orientais.

Katharina era uma funcionária da colônia de férias onde ele estava hospedado e ficou sabendo, por meio do livro de registro da recepção do hotel, que ele era médico. Ela o abordou quando ele estava sentado no alto da montanha admirando a paisagem. Contou-lhe os seguintes sintomas: falta de ar, sufocamento, zumbido, pensamentos de morte, visões de um rosto medonho que a olhava, desmaios, ideias de ser agarrada por trás etc. Apesar de estar em férias, Freud interessou-se pelos sintomas e deixou a moça falar. "Fiquei interessado ao constatar que as neuroses podiam florescer assim, a uma altitude superior a 2.000 metros" (FREUD, 1983/1988, p. 143).

Por não ter oportunidade de novos encontros e por não poder usar a hipnose, Freud convidou a moça a sentar-se ao seu lado e procurou uma nova maneira de encontrar as recordações patogênicas, fazendo várias perguntas com objetivo de localizar a origem do sintoma e o que acontecia quando ela sentia as manifestações das quais se queixava.

Freud ainda se questionou se deveria usar a hipnose nesse caso: "Deveria eu fazer uma tentativa de análise? Não podia aventurar-me a transplantar a hipnose para essas altitudes, mas talvez tivesse sucesso com uma simples conversa" (FREUD, 1893/1988, p. 144).

Diante desse impasse, Freud optou por estimular Katharina a contar-lhe tudo o que se passava em sua mente, confiante que iria ouvir algo que pudesse explicar o caso. Ele se surpreendeu quando ela mudou de conversa e relatou dois episódios mais antigos do que o fato inicial. Falou de quando tinha quatorze anos e um tio fez uma investida sexual contra ela e de quando notou que esse tio estava interessado em outra mulher fora do casamento.

Depois do relato dessas duas últimas cenas, Freud percebeu que Katharina recordava de dois conjuntos de lembranças incompreensíveis que foram ligados após ter visto a cena sexual de seu tio com a nova companheira. Após a conexão das duas cenas, ela compreendeu o que o tio queria dela quando tinha quatorze anos de idade. Nesse momento ocorreu uma forte repulsa daquela recordação que lhe causava mal-estar físico e moral. "Não pude ir mais além e, de qualquer modo, fiquei-lhe grato por me haver tornado muito mais fácil conversar com ela do que com as senhoras pudicas da minha clínica na cidade, que consideravam vergonhoso tudo o que é natural" (FREUD, 1893/1988, p. 149).

Freud insere este caso dentro das histerias "adquiridas" – semelhantes à de *Miss* Lucy R. –, quando experiências eróticas são excluídas da atividade do pensamento do ego e permanecem armazenadas dissociadas do ego e os sintomas aparecem quando esse grupo excluído tenta uma ligação associativa com o ego.

Com os relatos e com as histórias clínicas de seus pacientes, Freud percebe que:

> Em toda análise de casos de histeria baseados em traumas sexuais, verificamos que as impressões do período pré-sexual que não produziram nenhum efeito na criança atingem um poder traumático, numa data posterior, como lembranças, quando a moça ou a mulher casada adquire uma compreensão da vida sexual. Pode se dizer que a divisão dos conjuntos psíquicos é um processo normal no desenvolvimento do adolescente, sendo fácil ver que sua recepção posterior pelo ego proporciona oportunidades frequentes para perturbações psíquicas (FREUD, 1893/1988, p. 150).

Freud isolou nesse caso um ponto singular: "a conversão, a produção dos fenômenos histéricos, não ocorreu imediatamente após o trauma, e sim depois de um intervalo de incubação" (FREUD, 1893/1988, p. 151).

Pela descrição dos sintomas, Freud percebeu que Katharina sofria de histeria e, segundo ele, esse sintoma estava relacionado com o "mundo da sexualidade", e nesse ponto Freud encontra um novo aliado do sintoma: a resistência (FREUD, 1893/1988).

1.4.4. Caso Elisabeth von R.

Norteadores clínicos: diagnóstico, sexualidade, o método hipnótico e catártico com a pressão sobre a cabeça da paciente, ab-reação, resistência e fantasia.

A história clínica de Elisabeth von R. começa quando ela tinha 24 anos e foi indicada a Freud por um colega médico que suspeitava de que ela sofria de histeria devido a dores nas pernas e dificuldade em andar há mais de dois anos.

Freud confirmou o diagnóstico de histeria, apesar de ter ficado impressionado com a indefinição das descrições da localização e intensidade da dor sentida pela paciente, e observou que, quando ele estimulava a pele ou os músculos doloridos, ou sobre estes era exercida uma pressão, a fisionomia da paciente espelhava uma singular expressão que era mais de prazer do que de dor. Gritava como se estivesse recebendo cócegas voluptuosas, ruborizava-se intensamente, jogava a cabeça para trás e fechava os olhos, e seu corpo se dobrava para trás.

Após um período de quatro semanas de tratamento com correntes elétricas no limite máximo, sem resultado satisfatório, Freud sugeriu mudança para o método catártico.

> A tarefa em que então me empenhei veio a ser, entretanto, uma das mais árduas que já empreendi, e a dificuldade de fazer um relato dela é comparável, além disso, às dificuldades que tive então de superar. Também por muito tempo fui incapaz de apreender a conexão entre os fatos de sua doença e seus sintomas reais, que, não obstante, deveriam ter sido causados e determinados por aquele conjunto de experiências (FREUD, 1893/1988, p. 154).

Freud estava convencido de que Elisabeth escondia um segredo e que os primeiros fatos que ela lhe relatou não tiveram qualquer efeito, apesar de sua tonalidade dramática. Freud esclareceu que,

> Quando se promove um tratamento catártico, a primeira pergunta que se faz é se a própria paciente tem consciência da origem e da causa precipitante de sua doença. Em caso afirmativo, não se faz necessária nenhuma técnica especial para permitir-lhe reproduzir a história de sua doença (FREUD, 1893/1988, p. 155).

Segundo Freud, Elisabeth passou a impressão de saber desde o início a causa de sua doença e preferiu manter oculta na consciência sem deixar esse segredo se transformar em "um corpo estranho" que dividiria ou ameaçaria a sua consciência.

Sua história foi marcada pela doença cardíaca e pela morte de um pai muito amado. Freud compreendeu então que a doença tinha começado por dores nas pernas quando ela cuidava de seu pai enfermo, embora só viesse a levá-las em consideração dois anos após a morte do pai. A doença e morte de sua segunda irmã, em consequência também de uma cardiopatia, agravada por uma gravidez, e seguida de brigas familiares entre cunhados, tinham coincidido com os dois anos de evolução de sua doença.

Freud dividiu esse relato em três etapas. No primeiro momento de tratamento, empregou o método que consistia em remover intencionalmente o material psíquico patogênico camada por camada, comparando esse método com a técnica usada por arqueólogos na escavação de uma cidade soterrada.

> Eu começava por fazer com que a paciente me contasse o que sabia e anotava cuidadosamente os pontos em que alguma sequência de pensamento permanecia obscura ou em que algum elo da cadeia causal parecia estar faltando. E depois penetrava em camadas mais profundas de suas lembranças nesses pontos, realizando uma investigação sob hipnose ou utilizando alguma técnica semelhante (FREUD, 1893/1988, p. 155).

Segundo Freud, ao contar a história de sua doença, a paciente ficava deitada, de olhos fechados e sem o uso da hipnose. Ela relatava uma história cansativa e repleta de experiências tristes e muito diferentes umas das outras. Quando ficava emocionada com o próprio relato permanecia quieta e com os olhos bem fechados.

Nesse primeiro momento de tratamento, a queixa de não estar melhorando era constante e confessou que não dormia quando era induzida pelo método de hipnose. Freud então decidiu fazer uma pergunta direta sobre qual a impressão psíquica que ela vinculava com o primeiro momento em que sentiu as dores nas pernas. Na busca dessa resposta, Freud utilizou o método de pressão na cabeça já que ela era refratária à hipnose. Após muita insistência, Freud relata que ela "admitiu ter pensado numa noite em que um jovem a acompanhara até em casa depois de uma festa, da conversa que houvera entre eles e dos sentimentos com que voltara para a casa a fim de ficar à cabeceira do pai enfermo" (FREUD, 1893/1988, p. 160).

Com essa referência ao rapaz, ela abre uma nova corrente de representações da qual Freud pôde extrair os conteúdos gradativamente. Esse fato ela contou somente a um amigo, pois tratava-se de um segredo. Com a piora do estado de saúde do pai, Elisabeth espaça mais o encontro com esse rapaz. Relatou que naquela noite da festa ficou por mais tempo na companhia do rapaz e quando retornou para casa encontrou o pai muito grave, e recriminou-se por estar numa festa enquanto o pai estava gravemente doente.

O segundo momento do tratamento é marcado pela descoberta do motivo da conversão histérica de dor na coxa direita, local onde todas as manhãs o pai colocava sua perna inchada para a troca de curativos. Daí em diante, as pernas doloridas começaram a "falar", e Freud relatou que:

> Com o tempo, passei a utilizar essas dores como bússola para minha orientação: quando a moça parava de falar, mas admitia ainda estar sentindo dor, eu sabia que ela não me havia contado tudo e insistia para que continuasse sua história, até que a dor se esgotasse pela fala. Só então eu despertava uma nova lembrança (FREUD, 1893/1988, p. 163).

Nesse período de ab-reação, a paciente apresentou melhora expressiva tanto física quanto mental, com diminuição das dores e retorno às caminhadas e ao convívio social. Freud costumava brincar dizendo que "estava retirando um pouco de seus motivos de dor de cada vez e que, quando os tivesse eliminado inteiramente, ela ficaria boa" (FREUD, 1893/1988, p. 163).

Nessa fase do tratamento Freud, relata que se deixava conduzir, em determinado momento, pelas flutuações do estado emocional da paciente e, em outro momento, pela sua própria opinião, quando achava que uma parte da história da doença da paciente não tinha sido suficientemente explorada (FREUD, 1893/1988).

Segundo Freud, o Caso de Elisabeth foi um aprendizado para ele:

> Durante esse trabalho, fiz algumas observações interessantes, cujas lições vi confirmadas mais tarde, ao tratar de outros pacientes. Quanto às oscilações espontâneas, em primeiro lugar, constatei que, na verdade, não ocorrera nenhuma que não tivesse sido provocada por associação com algum evento contemporâneo (FREUD, 1893/1988, p. 163).

Nessa segunda fase do tratamento, Freud nos diz que usou o método de provocar o aparecimento de ideias e/ou imagens por meio de pressão de suas mãos sobre a cabeça da paciente, e esta relatou cenas diferentes relacionadas com um determinado tema numa ordem cronológica. Porém, nem sempre ele conseguia êxito com esse método, em determinados momentos a paciente afirmava que não havia nenhuma imagem nem ideia. Freud insistiu na confiança de seu método e extraiu informações importantes para o entendimento da história da doença de Elisabeth e deparou-se com um fenômeno que irá em breve modificar a sua concepção de psicoterapia: "No curso desse difícil trabalho, comecei a atribuir maior importância à resistência oferecida pela paciente na reprodução de suas lembranças e a compilar cuidadosamente as ocasiões em que era particularmente acentuada" (FREUD, 1893/1988, p. 167).

E assim Freud chegou à terceira fase do tratamento de Elisabeth, quando ela se sentia melhor física e emocionalmente, queixando-se de dores esporádicas. Porém, Freud ainda desconhecia o ponto inicial e qual o mecanismo que ocasionara as dores. Até esse momento da análise, Freud considerava o tratamento incompleto, até o surgimento de um fato novo que proporcionou o reaparecimento de uma dor aguda e ruidosa que se deu com a chegada de seu cunhado. Esse fato colocou finalmente Freud na pista do "segredo": era evidente que ela estava enamorada de seu cunhado, de quem a doença da irmã a tinha aproximado, e não podia refrear o pensamento de que, com a morte dessa irmã, ele era agora um homem livre.

> O período que se seguiu, porém, foi árduo para o médico. O resgate dessa representação recalcada teve um efeito devastador sobre a pobre moça. Ela chorou alto quando lhe expus secamente a situação com as palavras: "Quer dizer que, durante muito tempo, você esteve apaixonada por seu cunhado" (FREUD, 1893/1988, p. 170).

Apesar dos desmentidos da paciente, Freud insistiu e chegou mesmo a solicitar o testemunho da mãe dela, que confirmou ter nutrido essa suspeita. O tratamento acabou em julho de 1893 com esse apelo à cooperação materna, o que não estará isento de repercussões, pois sua filha revoltou-se e recusou-se a ver de novo Freud, que "tinha traído o seu segredo" (FREUD, 1893).

Freud confirmou com o relato desse caso clínico que as reações elétricas e o tratamento por hidroterapia não surtiam nenhum efeito nos pacientes histéricos e não contribuíam em nada no estudo sobre a histeria. Ele relatou que achou estranho ser criticado por escrever casos clínicos semelhantes a contos, sem o rigor científico de sua época, mas reagiu dizendo que os seus casos devem ser analisados como psiquiátricos e com uma grande vantagem em relação aos casos psiquiátricos, por possuírem uma conexão "entre a história dos sofrimentos do paciente e os sintomas de sua doença"

(FREUD, 1893/1988, p. 172). Daí a importância da construção do caso clínico.

Esse caso permitiu a Freud proceder pela primeira vez, com a ajuda de um método que converteu mais tarde numa técnica, à eliminação, por camadas, dos materiais psíquicos, uma tarefa que ele comparou com a técnica de escavação dos arqueólogos para encontrar uma cidade soterrada.

> Por meio da análise, foi possível encontrar uma elucidação adequada para o mecanismo do sintoma. Ele aconteceu no momento em que o círculo de ideias que abrangia seus deveres para com o pai enfermo entrou em conflito com o conteúdo do desejo erótico que ela estava sentindo na época. Sob a pressão de intensas autocensuras, ela se decidiu em favor do primeiro e, ao fazê-lo, provocou a dor histérica (FREUD, 1893/1988, p. 175).

Para além da relativa liberdade de associação de ideias que Freud permitiu à sua paciente para eliminar pela palavra, camada por camada, os materiais psíquicos se opuseram ao retorno das recordações recalcadas.

Nesse caso, Freud não se refere nomeadamente à resistência como ligada à transferência, nem cita esta última; porém, ele faz menção à dificuldade da paciente de falar tudo o que vinha à mente, quando ele empreendia o método de pressão na testa. Nestas ocasiões, Freud notava que, quando ela dizia que não se lembrava de nada, sua aparência denunciava que isso não era verdade e que, talvez, ela julgasse que o que havia pensado não fosse importante ou fosse muito incômodo de dizer. Freud então passou a não aceitar a falta de conteúdos e a estimulá-la a contar tudo, não aceitando, imperativamente, quando a paciente dizia que não conseguia pensar em nada.

Descoberto o "segredo" de Elisabeth, Freud foi capaz de esclarecer o motivo da divisão da consciência e o mecanismo dos sintomas histéricos. O primeiro é a formação de um grupo psíquico isolado causador das dores histéricas, e o segundo é uma tentativa de evitar a associação desse grupo isolado com o restante do conteúdo da consciência.

> O motivo foi o de defesa – a recusa, por parte de todo o ego da paciente, a chegar a um acordo com esse grupo representativo. O mecanismo foi o de conversão, isto é, em lugar das dores mentais que ela evitou, surgiram as dores psíquicas. Desse modo, efetuou-se uma transformação que teve a vantagem de livrar a paciente de uma condição mental intolerável, embora, é verdade, à custa de uma anormalidade psíquica – a divisão da consciência... – e de uma doença física – suas dores... (FREUD, 1893/1988, p. 177).

Freud foi muito criticado pela comunidade médica não apenas pela ênfase na sexualidade de suas pacientes como, também, por não conter em seus casos clínicos o rigor positivista dominante de sua época. O rigor teórico e a experiência clínica aos poucos o fizeram abandonar os esquemas energéticos e excitatórios do sistema nervoso. Essa busca por desvendar os mistérios da mente humana levou-o para além do físico, da hipnose e da sugestão. A liberdade de pensamento e a busca da verdade inconsciente passaram a ser fundamentais em seu pensamento.

Freud inicia seus estudos sobre a histeria acreditando que a etiologia era o resultado de uma defesa contra uma ideia ou contra um atentado sexual que causou um trauma.

Freud perseguiu seu desejo de desvendar os mistérios da vida psíquica e não poupou esforços para abandonar e corrigir várias hipóteses teóricas. Elaborou uma técnica e refinou um método clínico, e sustentou, em plena era vitoriana, que existe um fator sexual como causador da histeria, apesar de ele não saber explicar como este fator funcionava na época da elaboração dos *Estudos sobre Histeria* (1895/1988).

Apoiando-se numa evidência clínica nos primeiros anos de trabalho na clínica da histeria, Freud elaborou sua primeira teoria, defendeu que a origem dos sintomas histéricos derivou de abuso sexual na infância.

Com base nos atendimentos clínicos e na construção dos norteadores que foram sendo formulados ao longo de sua experiência, Freud elaborou a teoria da sexualidade e da fantasia, abandonando a teoria da sedução. Esta substituição abriu campo para novas análises e reflexões, podendo ser esclarecida em particular e em específico para as neuroses e psicoses.

Na Carta 69, Freud anunciou a Fliess um "grande segredo", "Eu não acredito mais em minha *neurótica*" (1897/1988, p. 357), descrevendo quatro razões que o levaram a esta conclusão: a resistência dos pacientes em falar das vivências infantis; a inverdade da generalização do pai pervertido; a impossibilidade de separar, no inconsciente, a verdade da ficção investida de afeto; e a impossibilidade de fazer emergir a cena inconsciente até mesmo na psicose, de tal forma que o segredo das experiências infantis não é revelado nem na atividade delirante (FREUD, 1897/1988).

Com base em suas experiências clínicas e elaboração teórica, Freud identificou a importância da rememoração das vivências infantis, do papel do mecanismo de defesa que protege o ego de representações que causariam desconforto ou mal-estar por conter um componente sexual, e o papel da fantasia que obscurece a verdade da realidade psíquica.

Na carta a Fliess de 02/05/1897, Carta 61, Freud conclui que

> Tudo remonta à reprodução de cenas | do passado |. A algumas se pode chegar diretamente, e a outras, por meio de fantasias que se erguem à frente delas. As fantasias provêm de coisas que foram *ouvidas*, mas só *posteriormente* entendidas, e todo o material delas, é claro, é verdadeiro. São estruturas protetoras, sublimação dos fatos, embelezamentos deles e, ao mesmo tempo, servem para o alívio pessoal (MASSON *apud* FREUD, 1897/1986, p. 341).

Assim, Freud inaugurou uma elaboração teórica ímpar, com base na escuta dos relatos referentes aos anos iniciais de vida dos pacientes, promovendo o resgate não do fato tal como tinha ocorrido, como se fosse uma reprodução fiel, mas da maneira peculiar como foi inscrito no psiquismo, vindo a direcionar a constituição do indivíduo como também a maneira como este rememora o passado.

Freud revelou com os seus relatos e construções dos casos clínicos que a infância na vida psíquica do ser humano se estabelece em dupla direção: a constituição do indivíduo enquanto tal e a interpretação sobre essa constituição. Em outras palavras, as vivências infantis são fundamentais para a constituição subjetiva, tal como cada um de nós as realizamos e, também, pelo modo como sentimos, pensamos, compreendemos, falamos e, claro, como nos lembramos e nos esquecemos das nossas vivências passadas.

Essa incursão nos textos pré-psicanalíticos nos oferece ricas reflexões sobre a formalização da construção do caso clínico ao longo da história da psicanálise.

1.5. Construção do caso clínico em Freud e a criação da Psicanálise

As dificuldades encontradas por Freud no campo da clínica fizeram-no elaborar uma teoria e um método para explicar o sintoma, obtendo assim uma compreensão dos motivos e mecanismos em todos os casos de dores histéricas. A partir de sua experiência clínica com vários pacientes histéricos, Freud desvinculou seu estudo dos experimentos de Charcot, que associava eventos traumáticos de grande magnitude à "histeria traumática" e a combinação de pequenos traumas ocorridos na vida do paciente à "histeria comum". Desvinculou-se também da teoria de Breuer, que acreditava que a divisão da consciência se devia à falta de comunicação entre os diversos estados de consciência, na medida em que Freud defendeu que a dissociação psíquica é um resultado de repulsa, de defesa, quando o ego procura enfraquecer a ideia, retirando dela a soma de excitação que lhe corresponde, desviando essa excitação para o somático.

Breuer defendia a teoria de que o fator traumático era produzido pelas ideias patogênicas que surgiam durante "estados hipnoides", enquanto para Freud uma ideia tornava-se patogênica se estivesse em oposição com a tendência predominante da vida mental do sujeito e essa contraposição ativaria o mecanismo de defesa (MEZAN, 1982; FREUD, 1893-1920/1988; ROUDINESCO; PLON, 1998).

Partindo da prática clínica, Freud foi construindo seus casos aprendendo com cada paciente um mecanismo particular causador de desconforto e sofrimento, os quais não desapareceriam usando o mecanismo tal como utilizado no método hipnótico.

Na intenção de formalizar um diagnóstico, compreender o sentido dos sintomas e elaborar um método eficaz de tratamento, Freud privilegiou a escuta da história da doença de seus pacientes e assim foi desconstruindo gradativamente as investigações sobre a histeria e o tratamento dos sintomas por meio do método hipnótico de Charcot, bem como a teoria dos estados hipnóticos e o método catártico de Breuer. Abandonou o entendimento que se tinha de que a histérica sofria das lembranças não ab-reagidas do passado e do processo de divisão da consciência em estado de vigília e estado de *absence* e, por fim, abandonou a teoria da sedução.

Os relatos dos casos clínicos foram revelando a Freud uma barreira que impedia os pacientes de falarem livremente, conforme exposto nas páginas anteriores, barreira essa que Freud chamou de defesa, muito bem elaborada no texto "As neuropsicoses de defesa" (1894), no qual relatou que os sintomas da histeria só se tornam compreensíveis se esses traumas psíquicos se referem à vida sexual.

Freud optou por escrever os casos clínicos atendidos em análise em vez de continuar com a apresentação de pacientes, devido a uma experiência malsucedida da metodologia de apresentação de pacientes, conforme relato a seguir:

> Em certa ocasião, apresentei ao meu auditório um neurótico que sofria de dor de cabeça persistente como um caso de meningite crônica localizada; todos se levantaram imediatamente, revoltados, e me abandonaram, e minhas atividades prematuras como professor chegaram ao fim (FREUD, 1925 [1924]/1988, p. 23).

Diante desse impasse, Freud priorizou a escrita dos casos clínicos, que se revelaram um valioso instrumento para a transmissão da clínica psicanalítica. Assim, ele construiu um laboratório em que elaborou uma técnica, refinou um método clínico, abandonou e corrigiu várias hipóteses teóricas.

Freud publicou vários casos de histeria, neurose obsessiva e também de fobia em criança. Não obstante, escreveu um caso de psicose, baseado na leitura de um relato autobiográfico de um paranoico – *Memórias de um doente dos nervos*, de Daniel Paul Schreber, que revelou a eficácia do manejo clínico a partir da comprovação de que o delírio, sendo uma tentativa de cura, não deve ser tratado pela medicina ou por qualquer outra abordagem terapêutica; ele deve, antes, ser tomado como aquilo que o sujeito guarda no seu íntimo, como um modo de explicação e tratamento de suas vivências psicóticas (FREUD, 1912 [1911]/1988).

No encontro com esse livro, Freud interessou-se pelo problema da psicose e elaborou a teoria do narcisismo como um traço que explicaria a organização psicótica. Em 1911, Freud escreve um artigo intitulado "Narcisismo: uma introdução" (1914/1916), texto que atropelou o desenvolvimento do artigo metapsicológico para dar conta da psicose, em oposição à teoria de dessexualização da libido defendida por Jung.

1.6. Caso Schreber e a construção do caso clínico

Norteadores clínicos: diagnóstico, projeção, mecanismo de defesa.

Bem antes de ter contato com o livro de Schreber, Freud já estava às voltas com o problema da paranoia. No *Rascunho H*, de 24 de janeiro de 1895, escreveu uma curta história clínica, de onde extraiu dois pontos principais da paranoia: a projeção como mecanismo de ação e a doença como um modo patológico de defesa.

Freud ilustrou essas duas características da paranoia publicando um breve relato clínico de uma moça solteira, de aproximadamente 30 anos, que desenvolveu uma atividade delirante após ter sido seduzida por um inquilino que alugava um quarto em sua casa.

Segundo Freud, a paciente contou o seguinte acontecimento a uma irmã mais velha: quando ela estava arrumando o quarto do inquilino, foi convidada para deitar-se na cama com ele. Ao deitar-se sem resistência, ele colocou o pênis na mão dela. A cena não chegou ao extremo de uma relação sexual. Passados alguns dias, o rapaz entregou o quarto e foi embora e a moça iniciou com sintomas persecutórios, dizendo que estava sendo observada e perseguida. Ela comentou com as irmãs que as vizinhas tinham dó dela por ter sido abandonada pelo suposto namorado e por ainda estar esperando a volta dele. Segundo Freud, a projeção foi reconhecida pelos sintomas persecutórios e a defesa foi a resistência que a paciente apresentou em falar sobre o assunto. "Em resposta às minhas perguntas para saber se não teria mesmo acontecido algo de embaraçoso, deparei com a mais resoluta negativa – nunca mais vi a paciente" (FREUD, 1895/1988, p. 293).

Ainda sobre o mecanismo da paranoia, Freud ofereceu-nos um quadro de sua significação, postulou que a ideia incompatível e o afeto são mantidos afastados do ego e projetados no mundo externo. "As alucinações, que surgem em algumas formas da doença, são hostis ao ego, mas apoiam a defesa" (FREUD, 1895/1988, p. 298).

Freud ainda chamou a atenção para o fato de que esse mecanismo de defesa pode ser pensado também nos casos de histeria e de confusão alucinatória: "Ora, sucede que a paranoia, na sua forma clássica, é um *modo patológico de defesa*, tal como a histeria, a neurose obsessiva e a confusão alucinatória" (FREUD, 1895/1988, p. 291).

Ele correlacionou esse mecanismo estabelecendo uma comparação entre essas formas de defesa: afirmou que na histeria a ideia incompatível é retida numa região separada da consciência e o afeto é escoado para o corpo (o que no futuro será chamado de recalque). Na neurose obsessiva a ideia incompatível também não tem acesso à consciência e o afeto é descarregado na esfera psíquica, substituído por novas representações. Na confusão alucinatória a ideia incompatível e o afeto são mantidos afastados do ego com um desligamento parcial do mundo externo, enquanto que na paranoia tanto a ideia quanto o afeto são mantidos no ego, porém, projetados no mundo exterior, tendo como consequência o delírio; portanto, o mecanismo de projeção é o meio de defesa do paranoico de uma representação inconciliável com o ego (FREUD, 1895/1990).

Essa divisão no campo das psicoses entre paranoia e confusão alucinatória ou, a partir do Caso Schreber, entre paranoia e parafrenia parece ser o início de um pensamento que marcará toda a elaboração psicanalítica da psicose.

Na Carta 125, de 09 de dezembro de 1899, Freud fez nova alusão à paranoia, declarando que a histeria e a neurose obsessiva são aloeróticas, quer dizer, direcionam suas libidos para objetos externos, mantendo a identificação com a pessoa amada, enquanto a paranoia

> desfaz novamente a identificação: restabelece todas as figuras amadas da infância que foram abandonadas [...] e dissolve o próprio ego em figuras externas. Assim, cheguei a considerar a paranoia como uma irrupção da corrente autoerótica, como um retorno à posição então prevalente (FREUD, 1899/1988, p. 384).

Nesta carta a Fliess, Freud apresentou também a teoria da sexualidade, tema que orientou todas as suas futuras pesquisas psicanalíticas, abandonou a teoria do trauma sexual e expôs a teoria da escolha da própria neurose, que, segundo ele, se dá a partir de fixações em certo período do desenvolvimento sexual. Com este novo ajuste teórico, Freud descartou a hipótese de fatores hereditários na formação dos sintomas.

Diante do exposto, testemunhamos com Freud que ele já havia desenvolvido uma teoria sobre a paranoia bem antes de ter contato com o livro de Schreber; conforme ele mesmo relatou no capítulo III de *Sobre o Mecanismo da Paranoia*:

> Posso, não obstante, invocar um amigo e colega especialista para testemunhar que desenvolvi minha teoria da paranoia antes de me familiarizar com o conteúdo do livro de Schreber. Compete ao futuro decidir se existe mais delírio em minha teoria do que eu gostaria de admitir, ou se há mais verdade no delírio de Schreber do que outras pessoas estão, por enquanto, preparadas para acreditar (FREUD, 1911/1998, p. 104).

O caso Schreber é uma das reflexões mais importantes sobre a psicose dentro da teoria freudiana. Se o enigma da histeria fascinou Freud para a criação de um método eficaz de tratamento, o livro de Schreber atraiu-o pela descoberta dos mecanismos psíquicos envolvidos nas psicoses. Se, na clínica da histeria, os neuróticos têm os sonhos, chistes, atos falhos e sintomas como uma manifestação do inconsciente, na clínica da psicose, os psicóticos têm o delírio, a alucinação e os comportamentos bizarros, que devem encerrar também uma significação singular para o indivíduo.

Se nos casos de histeria Freud buscou a etiologia dos sintomas, bem além do biológico, na psicose ele repete o mesmo percurso, insistindo em buscar a causa no psiquismo.

Freud buscou na paranoia um norteador para a compreensão da psicose e a direção do tratamento.

O objetivo deste tópico não é fazer uma análise profunda da narrativa e dos sintomas de Schreber, e sim extrair os norteadores para a construção do caso clínico e expor de forma sucinta os pontos teóricos fundamentais que Freud apresentou na construção do caso.

O material de base para a teorização freudiana foi o livro *Memórias de um doente dos nervos*, de Daniel Paul Schreber, publicado em 1903 e examinado e teorizado por Freud em 1911.

Schreber era um advogado que teve uma renomada carreira no sistema jurídico de sua época. Era filho de um notável médico alemão.

Schreber iniciou com quadro de alucinações e delírios persistentes, sendo hospitalizado aos 42 anos de idade sob os cuidados do psiquiatra Dr. Flechsig.

A complexa construção delirante descrita pelo paciente em seu livro *Memórias de um doente dos nervos* apresentou uma variedade de sintomas, como: ideias hipocondríacas, insônia, ideação de autoextermínio, sensação de amolecimento do cérebro e de morte iminente, aumento da sensibilidade a luz e ruído, persecutoriedade em relação ao seu médico, o Dr. Flechsig, a quem chamava de "assassino de almas", alucinações visuais e auditivas, sensação de estar morto, delírio místico, religioso evoluindo para uma comunicação direta com Deus através dos nervos femininos que passavam para o seu corpo e o transformavam em mulher que, a partir de uma fecundação direta com Deus, poderia gerar uma nova raça de homens. Relatou que o seu corpo estava constantemente se decompondo e transformando em um corpo de mulher. "Era a ideia de que deveria ser realmente bom ser uma mulher se submetendo ao coito" (SCHREBER, 1995, p. 54). Nas páginas seguintes o autor continua relatando o processo de emasculação. Foi preparada uma conspiração contra ele cujo objetivo era

> confiar-me a um homem de tal modo que minha alma lhe fosse entregue, ao passo que meu corpo – numa compreensão equivocada da citada tendência inerente à Ordem do Mundo – devia ser transformado em um corpo feminino e, como tal, entregue ao homem em questão para fins de abusos sexuais, devendo finalmente ser "deixado largado", e portanto abandonado à putrefação (SCHREBER, 1995, p. 67).

A partir disso, Freud abordou a paranoia conceituando-a da mesma forma que fez com a histeria e a neurose obsessiva, como uma *defesa*, contra um impulso homossexual, utilizando como mecanismo principal a *projeção*. Apesar de não ter tido nenhum contato físico com o paciente, nem com os familiares, Freud se esforçou por descobrir os motivos dos sintomas, aprofundando-se nos delírios e na história de seu desenvolvimento, a fim de formalizar a direção do tratamento.

Devido à gravidade de sua doença, Schreber foi afastado de seu cargo de juiz e impedido de administrar os seus próprios bens. A partir dessa interdição, ele se assumiu como doente dos nervos e demonstrou que não é uma ameaça para a sociedade nem para si mesmo.

> Vou agora falar de *minhas próprias* vicissitudes pessoais durante as duas doenças nervosas que me atingiram. Estive doente dos nervos duas vezes, ambas em consequência de uma excessiva fadiga intelectual; a primeira vez por ocasião de uma candidatura ao Reichstag (quando eu era diretor do Tribunal de Província em Chemmitz), a segunda vez por ocasião da inusitada sobrecarga de trabalho que enfrentei quando assumi o

> cargo de presidente da Corte de Apelação de Dresden (SCHREBER, 1911/1995, p. 53).

Assim, Schreber ganhou a causa jurídica e resgatou seu direito de gerir os seus bens. Esse acontecimento foi muito importante no viés clínico e social, porque desmistificou os estigmas associados à loucura e fortaleceu os conceitos freudianos de que na loucura há certa razão por trás dos sintomas.

A partir desse relato autobiográfico, Freud sustentou que a paranoia era um mecanismo de defesa do indivíduo contra a sua própria libido. Defendeu também que na paranoia ocorria o mecanismo de projeção que é manifestada clinicamente pelos delírios de perseguição, de ciúme, erotomania e megalomania e que o delírio é uma tentativa de cura natural da psicose realizada pelo próprio doente.

> O paciente retirou das pessoas de seu ambiente, e do mundo externo em geral, a catexia libidinal que até então havia dirigido para elas. [...]. O fim do mundo é a projeção dessa catástrofe interna; seu mundo subjetivo chegou ao fim, [...]. E o paranoico o constrói de novo, não mais esplêndido, é verdade, mas pelo menos de maneira a poder viver nele mais uma vez. Constrói-o com o trabalho de seus delírios (FREUD, 1911/1988, p. 93).

Com base nessas memórias de Schreber, Freud afirmou que, na psicose, o delírio, sendo uma tentativa de cura, deve ser tomado como aquilo que o indivíduo guarda no seu íntimo, como um modo de explicação e tratamento de suas vivências psicóticas, marcando o início de uma nova perspectiva sobre a psicogênese e o tratamento das psicoses, válidas até hoje.

Em seu estudo sobre a psicopatologia, Freud demonstrou que os relatos dos pacientes indicavam a trama do sofrimento e as construções ou desvios miraculosos que eles realizam para evitar a dor.

1.7. O método psicanalítico

Acompanhamos passo a passo a evolução da técnica que Freud foi modificando desde suas primeiras tentativas na clínica da histeria e a elaboração dos norteadores clínicos extraídos de cada caso apresentado nos *Estudos sobre a Histeria* de 1895.

Somente em 1904 Freud publicou um pequeno texto sobre o método psicanalítico especificando que a tarefa da psicanálise é: eliminar as amnésias, preencher todas as lacunas da memória, de forma que o esclarecimento dos enigmas psíquicos evite o desdobramento e a reprodução dos sintomas, desfazer os recalcamentos a fim de preencher todas as amnésias, e tornar o inconsciente acessível à consciência após a superação das resistências (FREUD, 1904[1903], 1988).

Freud construiu um edifício teórico, a partir de sua vasta experiência clínica, chamando suas orientações para o tratamento analítico de Recomendações;

> As regras técnicas que estou apresentando aqui alcancei-as por minha própria experiência, no decurso de muitos anos, após resultados pouco afortunados me haverem levado a abandonar outros métodos (FREUD, 1912/1998, p. 149).

Em 1911, Freud retomou os textos sobre a técnica psicanalítica (FREUD, 1911, 1912, 1913 e 1914/1998), apresentou e consolidou os principais norteadores clínicos: a transferência, a resistência, a associação livre, a atenção flutuante.

Nesses textos sobre a técnica, Freud fez várias recomendações: a transferência foi apontada como o maior desafio que se apresenta para o analista na direção do tratamento. O analista deve manter a atenção flutuante como a regra fundamental, que consiste em não privilegiar em sua escuta nenhum elemento particular do discurso do analisando e não se preocupar se está se lembrando de alguma coisa. O analista deve simplesmente ouvir. Enquanto o paciente deve falar tudo o que vier à cabeça, sem objeções, seguindo a regra fundamental, que é a associação livre. O analista não deve tomar notas do que foi falado pelo analisando nem publicar um caso em andamento.

Freud esclarece que a força motivadora a favor do tratamento é o sintoma e o desejo de cura do paciente em oposição à resistência e ao ganho secundário da doença, que exercem força oposta à cura. Somente a transferência pode combater a resistência. Freud recomendou que o analista deve estar atento a esses fatores que devem acompanhar todo o percurso da terapia.

Freud comparou o tratamento psicanalítico ao jogo de xadrez, no qual o jogador sabe que somente a primeira e a última jogada estão definidas. Durante o jogo há uma ampla variedade de jogadas que frustraria qualquer expectativa de um modelo a ser seguido (FREUD, 1913/1998).

As dificuldades que as alterações no Ego impõem aos esforços do tratamento se apresentam na medida em que esta instância ativa os mecanismos de defesas, que impedem a proximidade de conteúdos recalcados na consciência promovendo uma dificuldade no curso do tratamento.

Diante disso, Freud advertiu no texto "Observações sobre o amor transferencial" (1915 [1914], 1998) que o mecanismo da resistência é um poderoso opositor ao tratamento psicanalítico, comparando o trabalho do psicanalista ao do químico que trabalha com substâncias altamente explosivas e tal qual o químico é necessário ter habilidade para manusear esses materiais. "O efeito ocasionado no ego pelas defesas pode ser corretamente descrito como uma 'alteração do ego', se por isso entendermos um desvio quanto à ficção de um ego normal, que garantiria a lealdade inabalável ao trabalho de análise" (FREUD, 1937/1988, p. 255-256). Somente por meio do trabalho analítico é que a defesa será perturbada, oferecendo ao indivíduo a possibilidade de fazer uma retificação subjetiva.

Diante desse cenário, Freud interrogou no texto "Construções em Análise" (1937/1988) quais os tipos de material que o analisando oferece ao analista que são úteis para a recuperação das lembranças perdidas. Esse material é constituído por fragmentos de lembranças, sonhos e chistes que, via de regra, se encontram seriamente deformados. Freud usou o termo construção para designar a restauração do que permaneceu recalcado e apontou que os sintomas e inibições são substitutos do que foi esquecido. Dessa forma, a construção em análise se refere a uma metáfora que substitui as cenas que não podem ser reveladas.

> As formações delirantes dos doentes parecem-me equivalentes das construções que elaboramos nos tratamentos analíticos, tentativas de explicação e reconstituição, que sob as condições da psicose, aliás, só poderão levar a substituir aquela parte de realidade que é renegada [*verleugnet*] no presente por outra parte, que nos primórdios também foi renegada. [...] Assim como a nossa construção só tem efeito por trazer de volta uma parte da história de vida perdida, o delírio também deve o seu poder de convencimento à porção de verdade histórica que ele coloca no lugar da realidade rejeitada (FREUD, 1937/1988, p. 303).

Diante do exposto, constatamos que o método psicanalítico é um procedimento para investigação de processos psíquicos inacessíveis por qualquer outra abordagem psicológica.

1.8. Contribuições de Jacques Lacan na construção do caso clínico

A consideração sobre a psicopatologia freudiana levou-nos a afirmar que a psicanálise nasceu do encontro de Freud com a clínica da histeria, enquanto Lacan formalizou sua entrada na psicanálise pela clínica da paranoia; dito de outra maneira, Freud fez sua entrada na psicanálise pela clínica da neurose, enquanto Lacan o fez pela clínica da psicose. A clínica da psicose levou-o a conhecer a obra freudiana, enquanto o estudo sobre a paranoia levou-o à psicanálise com a tese de doutorado – defendida em 1932 – *Da psicose paranoica em suas relações com a personalidade*, que foi transformada em livro. No texto "De uma questão preliminar a todo tratamento possível da psicose" (1957-1958/1998), Lacan revelou o encontro dele com a psicanálise motivado pelo caso Aimée. "Mas essa partida do fenômeno, convenientemente executada, reencontraria esse ponto, como aconteceu conosco quando um primeiro estudo da paranoia, trinta anos atrás, levou ao limiar da psicanálise" (LACAN, 1998, p. 543).

Portanto, Aimée foi o primeiro e mais detalhado caso clínico de Lacan, momento em que foram utilizados os norteadores clínicos sugeridos por Freud no caso Schreber. Nesse sentido, Roudinesco e Plon comentaram que:

> A história do caso Aimée, narrada por Jacques Lacan em sua tese de medicina de 1932, *Da psicose paranoica em suas relações com a personalidade*, ocupa na gênese do lacanismo um lugar quase idêntico ao do caso

> Anna O (Bertha Pappenheim) na construção da saga freudiana (ROUDINESCO; PLON, 1998, p. 30).

Na construção do caso Aimée, Lacan comprovou a tese freudiana de que é necessária a utilização de norteadores clínicos para definição do diagnóstico e da direção do tratamento. Enquanto Freud se deparou na clínica da neurose com os atos impulsivos das histéricas, que o fizeram elaborar os conceitos de transferência e de fantasia, Lacan, por sua vez, deparou-se com os atos criminosos dos paranoicos que o fizeram elaborar a questão da passagem ao ato na clínica da psicose.

Lacan adotou o método psicanalítico para investigar o fenômeno paranoico, porém, tal qual Freud, modificou a técnica diante de impasses clínicos. Enquanto Freud usou a associação livre e a fantasia na clínica da neurose, Lacan privilegiou a entrevista com o paciente e o real.

1.8.1. Lacan e o caso Aimée

Norteadores clínicos: diagnóstico, autopunição, identificação, projeção, resistência, passagem ao ato.

Aimée estava com 38 anos à época da tentativa de assassinato de uma famosa atriz parisiense. "A Atriz não registrou queixa" (LACAN, 1932/2011, p. 148). Devido ao ocorrido, ela ficou presa por dois meses e encaminhada para internação no Hospital Saint-Anne, onde Lacan trabalhava. Ela foi encaminhada para internação com o seguinte relatório médico: "A Sra A. sofre de delírio sistematizado de perseguição à base de interpretações com tendências megalomaníacas e substrato erotomaníaco" (LACAN, 2011, p. 148).

Segundo Lacan, a escolha de escrever e publicar esse caso clínico se deu por dois motivos principais, o primeiro foi devido ao acompanhamento da paciente por um ano e meio e o segundo foi devido ao

> caráter particularmente demonstrativo do caso; ele corresponde, com efeito, a uma psicose paranoica, cujo tipo clínico e cujo mecanismo, a nosso ver, merecem ser individualizados. Tanto um quanto outro nos parecem dar a chave de certos problemas nosológicos e patogênicos da paranoia e, em particular, de suas relações com a personalidade (LACAN, 2011, p. 145).

Diante desses dois motivos, Lacan fez uma minuciosa pesquisa da história clínica e social da paciente por meio dos relatórios de internações, das produções literárias da paciente, de entrevista com ela e com os familiares. Nesse sentido, Lacan declara que:

> Para essas pesquisas não negligenciamos nenhum meio de investigação disponível. Nós mesmos questionamos oralmente tanto a doente quanto seu marido, sua irmã mais velha, um de seus irmãos, uma de suas colegas de escritório: mantivemos correspondência com outros membros de sua família. Enfim, por intermédio de uma assistente social esclarecida, completamos nossas observações junto aos superiores hierárquicos da doente, ao seu senhorio, aos seus vizinhos, etc. (LACAN, 2011, p. 215).

Aimée contou ao jovem psiquiatra Lacan uma história da infância que retornava nos sonhos e na obra literária dela. Segundo Lacan,

> Todos os traços característicos da conduta de Aimée se encontram nesta história: ela demorou se arrumando por ocasião dos preparativos de uma saída em grupo; como ficou atrás dos seus, quis juntar-se a eles por

> um caminho através dos campos; teve a inabilidade de irritar um touro, do qual só escapou por um triz (LACAN, 2011, p. 220).

Na opinião do autor deste estudo, Lacan – tomado pela leitura da obra de Freud – expressou o seu desejo de analista e de ser psicanalista com o seguinte comentário: "Talvez o psicanalista chegasse a penetrar mais profundamente no determinismo deste acontecimento, em suas sequelas afetivas e imaginativas, e a depreender relações simbólicas sutis entre os elementos" (LACAN, 2011, p. 220).

Lacan teve acesso às cartas que Aimée escrevia ao príncipe de Gales, objeto do delírio erotomaníaco e de proteção. A pesquisa revelou a Lacan que Aimée tinha histórico de várias internações em hospitais psiquiátricos devido aos sintomas persecutórios e megalomaníacos desde o nascimento de seu filho. Na época do atentado, ela apresentava esses mesmos sintomas.

A paciente desejava ser escritora, apesar de não ter nenhum texto publicado, mas mesmo assim continuava escrevendo durante a internação. Após a alta, Aimée continuou delirando, porém sem cometer atos contra si mesma.

Com esses elementos Lacan construiu o caso clínico e definiu o primeiro norteador clínico: o diagnóstico. "Que diagnóstico fazer sobre uma doente como essa, no atual estado da nosografia? O que domina com muita evidência o quadro é o delírio" (LACAN, 2011, p. 197). Diante dessa interrogação, Lacan eliminou vários diagnósticos, justificando-os com o rigor de sua pesquisa bibliográfica sobre o assunto exposto na primeira parte do livro *Da psicose paranoica em suas relações com a personalidade* (2011). Chega à conclusão de que se tratava de psicose paranoica: "Nosso caso por sua sistematização, seu egocentrismo, seu desenvolvimento lógico a partir de premissas falsas, pela elaboração tardia dos meios de defesa, se enquadra perfeitamente dentro desses limites gerais" (LACAN, 2011, p. 198).

De acordo com os sintomas apresentados por Aimée, Lacan criou a nomenclatura de "paranoia de autopunição", demonstrando que Aimée, ao atacar a atriz, estava atacando a si mesma. Fato extraído do que Lacan escutou de sua paciente. Ela se castigava por ter atingido uma representação psíquica de seu próprio ideal, por ter atingido a sua própria imagem, portanto, atingiu a si própria.

Esse caso foi um divisor de águas para Lacan, marcou a sua passagem da Psiquiatria para a Psicanálise, conforme seu testemunho nos *Escritos* (1998): "Mas essa partida do fenômeno, convenientemente executada, reencontraria esse ponto, como aconteceu conosco quando um primeiro estudo da paranoia, trinta anos atrás, levou-nos ao limiar da psicanálise" (LACAN, 1998, p. 543).

1.8.2. Lacan, a clínica da psicose e os norteadores clínicos: foraclusão e Nome-do-Pai

O principal objetivo deste livro é abordar principalmente a clínica da psicose na primeira formalização de Lacan apresentada em *O Seminário, Livro 3, As psicoses* (1955-1956/2008) e no texto "De uma questão preliminar a todo tratamento possível da psicose" (1957/1998) e extrair da clínica lacaniana os norteadores usados na clínica da psicose, sem a pretensão de esgotar a compreensão dos conceitos.

Foi a partir do ponto de vista da primeira clínica que o caso clínico foi construído, por mais que em alguns momentos tenham sido mencionados elementos da segunda clínica.

Nesse sentido, pressuponho que encontraria muitas dificuldades em construir o caso se desconhecesse por completo as elaborações de Lacan, no *Seminário, Livro 11, Os quatro conceitos fundamentais da psicanálise* (1964/1988), sobre as formalizações do *objeto pequeno a* e a constituição da realidade que contempla os registros Imaginário, Simbólico e Real, e no *Seminário, Livro 23, O Sinthoma* (1975-1976/2007) quando o foco é em uma clínica da suplência, uma clínica continuísta ou borromeana, caracterizada pela foraclusão generalizada e pelas diferentes formas de suplência, possibilitando ao Ser falante as saídas e invenções singulares.

Voltando a nosso ponto de abordagem na primeira clínica, Lacan parte do princípio do inconsciente estruturado como uma linguagem, tendo como modelo as formações do inconsciente na estrutura neurótica, e do significante Nome-do-Pai. Assim, Lacan elaborou uma Clínica binária, descontinuísta, sustentada na presença ou ausência do Nome-do Pai; dito de outra maneira, ter o significante Nome-do-Pai situa o sujeito no campo da neurose, ao passo que não o ter situa o sujeito no campo da psicose.

Nesse sentido, Lacan revelou o manejo da psicose para uma estabilização possível ou apaziguamento frente ao Outro ameaçador que se presentifica na vida do psicótico por meio das alucinações visuais, auditivas, cenestésicas, invadindo-o e provocando uma desordem "na junção mais íntima do sentimento de vida no sujeito" (LACAN, 1958/1998, p. 559), desencadeando passagens ao ato ou *acting-out*.

Nessa perspectiva, Lacan propõe uma construção simbólica a fim de produzir uma estabilização que forneça elementos suficientes para proteger o psicótico das ameaças do Outro, já que na esquizofrenia vamos encontrar inúmeros significantes, sem suporte do Nome-do-pai, elevando o Ser falante às passagens ao ato ou aos *acting-out*. O analista nesse momento se encontra numa situação difícil, ou seja, não ocupar o lugar desse Outro absoluto e ao mesmo tempo manter o laço analítico. Vamos ver como isso aconteceu no caso clínico do Jovem de Bárbara-Cena, apresentado no Capítulo 4.

Em relação à clínica da psicose na obra freudiana, Lacan ressaltou em seu texto "De uma questão preliminar a todo tratamento possível da psicose" (1958/1998) que, passado meio século das teorias de Freud aplicadas à psicose, ainda há enigmas a resolver.

Nessa perspectiva, Lacan, em sua proposta de retorno à obra freudiana, depurou os norteadores clínicos e apresentou a sua versão para o manejo da transferência na psicose. Definiu a foraclusão e o Nome-do-Pai como os principais norteadores clínicos, sustentou que a etiologia da psicose tem relação com a falta de acesso que o psicótico tem à ordem simbólica, o que pode dificultar o vínculo social e o manejo clínico. Lacan enfatizou que é importante

> compreender a importância da falta desse significante especial do qual acabo de falar, o Nome-do-Pai, no que ele funda como tal o fato de existir a lei, ou seja, a articulação numa certa ordem do significante – complexo de Édipo, ou lei do Édipo, ou lei da proibição da mãe. Ele é o significante que significa que, no interior desse significante, o significante existe (LACAN, 1957-1958/1999, p. 153).

Nesse sentido, Lacan revelou que a falta de acesso ao simbólico não significa que o psicótico esteja fora desse registro, já que o campo simbólico preexiste antes do sujeito, mas como o recalque não se efetivou no psicótico, ele não tem condições de se proteger do Outro. Lacan, em *O Seminário, Livro 5, As formações do inconsciente*, revelou como se dá a mediação do simbólico na neurose e na psicose. Na neurose, há a mediação do simbólico na relação do neurótico com o outro (semelhante), que remete sempre ao Outro. Na psicose, por não haver a mediação do simbólico, o outro (semelhante) aparece como o Outro invasor e ameaçador, portanto, um Outro completo e consistente (LACAN, 1957-1958/1999). Dito de outra maneira, a função do pai é um conceito fundamental na questão do Édipo. O pai enquanto metáfora que introduz no ser falante a simbolização, a interdição do incesto, portanto, o Complexo de Édipo coloca em jogo a relação imaginária incestuosa fadada ao conflito ou à devastação. Nesse sentido, é primordial uma lei, uma intervenção da ordem da palavra, isto é, do Nome-do-Pai que introduz o filho na ordem simbólica no caso da neurose, ou o deixa à deriva no caso da psicose (LACAN, 1955-1956/2008).

Nessa perspectiva, Soler (2017) comenta que: "A visão de Lacan sobre as psicoses sempre foi profundamente antissegregacionista. Ele não pensava que a psicose era um fracasso do humano no homem, mas sim um avatar" (SOLER, 2017, p. 27).

Nessa lógica, Soler (2017) demonstrou o interesse pelas psicoses em Freud e em Lacan. Segundo a autora, enquanto Freud tentava identificar o complexo paterno na psicose e que entre neurose e psicose existia "somente uma diferença: que a psicose punha a céu aberto o que na neurose se encontrava dissimulado, reprimido e, por isso, deveria ser interpretado. Em Freud, era como se, finalmente, a psicose confirmasse o que a análise dos neuróticos revelava" (SOLER, 2017, p. 28).

Soler, em seu livro *As lições da Psicose* (2017), revelou-nos que a lógica para Lacan era outra e que ele

> sempre considerou que as psicoses se caracterizavam, primeiro, por fenômenos e, segundo, pela causalidade própria. Os dois permitem precisamente perceber o que a neurose não revela nunca, seja como uma análise ou não. E por quê? Porque sua hipótese é que os efeitos da linguagem sobre o Ser falante são diferentes na neurose e na psicose (SOLER, 2017, p. 28).

Portanto, na psicose, devido à falta do Outro, o psicótico vai tratar as palavras como coisas que retornam no real.

Segundo Laurent (2003), Lacan, em seu retorno às obras de Freud, preocupou-se em transmitir a psicanálise elevando os casos clínicos de Freud como exemplos de sua própria prática:

> Na leitura que faz dos casos de Freud, Lacan "eleva o caso ao paradigma", à categoria do "exemplo que mostra" as propriedades formais, no sentido mais amplo das manifestações do inconsciente freudiano. O paradigma mostra a estrutura e indica tanto o lugar do sintoma em uma classe quanto os elementos de substancialidade na vida de um sujeito, elementos que se repetem e que permutam, ou ainda os modos de declinação na repetição do mesmo (LAURENT, 2003, p. 69-76).

Nesse sentido, Laurent relata que o arcabouço lógico e topológico dos casos de Freud aparece assim com uma nitidez inesquecível.

1.9. Construção do caso clínico e o projeto terapêutico singular

Antes, no entanto, de expor e desdobrar a noção de construção de caso clínico e do Projeto Terapêutico Singular (PTS), é importante contextualizar essas duas metodologias utilizadas nos serviços públicos de saúde mental. O caso clínico do Jovem de Bárbara-Cena vem testemunhar esse fato. Conforme abordado anteriormente, nos primeiros cinco anos em que o jovem esteve no Centro de Atenção Psicossocial (CAPS) de uma cidade da Região Metropolitana de Belo

Horizonte, a direção do tratamento foi norteada pelo PTS,[4] orientado pela Teoria Cognitiva Comportamental, e com a mudança do Técnico de Referência, o caso passou a ser orientado pela Psicanálise lacaniana, norteado pela construção do caso clínico, que será apresentado no próximo capítulo.

A proposta deste capítulo é apresentar os princípios do PTS e da construção do caso clínico, levando em conta o caso do Jovem de Bárbara-Cena. Portanto, considero ser necessário, neste momento, fazer uma reflexão sobre a direção do tratamento nos casos graves atendidos nos serviços públicos de saúde mental. Embora o CAPS seja um dispositivo da Rede de Atenção Psicossocial (RAPS) que desempenha um papel fundamental no acolhimento e no tratamento de casos graves, operando na lógica antimanicomial, ainda deparamos com um grande desafio caracterizado pela carência de um referencial teórico que leve em conta a singularidade do sujeito e que sustente o trabalho em rede.

Nessa perspectiva, Silva e Rubião (2016) revelaram como é o cotidiano do trabalho em um CAPS e as soluções inventadas pelos pacientes para lidarem com o sofrimento:

> Há os que recorrem à errância, os que encontram um ponto da cidade e fazem dele sua moradia, os que acumulam lixo ou se trancam em casa sem qualquer contato com o social, os que conseguem financiar um apartamento pelo Programa Minha Casa Minha Vida e não conseguem fazer desse espaço a sua moradia, permitindo que outros apossem desse local para o uso de drogas e prostituição, incomodando a

4 PTS é um dispositivo que propõe a elaboração de um plano de manejo dos problemas de saúde a partir de um processo de construção coletiva envolvendo, necessariamente, o profissional/equipe de saúde e os usuários em torno de uma situação de interesse comum (BRASIL, 2008).

> vizinhança que geralmente denuncia e solicita uma intervenção da ordem pública, e o desfecho é quase sempre a eclosão de um surto psicótico (SILVA; RUBIÃO, 2016, p. 2).

Nesse contexto, Miller (1999) alerta-nos quanto ao risco de orientarmos nossas ações pela ditadura da ordem e do assistencialismo e o quanto o campo saúde mental tende a se confundir com as exigências da ordem pública que cuida do perfeito trânsito dos sujeitos pela cidade, de uma normatividade preestabelecida: "o mais importante, com respeito à saúde mental, é andar bem pela rua, e ainda atravessá-la, cruzá-la, sem ser atropelado" (MILLER, 1999, p. 20). Nesse sentido, o profissional de saúde mental deve estar informado sobre esse risco de orientar as ações pela ditadura da ordem pública. Isso acontece quando se exclui a dimensão do sujeito, suas soluções e saídas singulares. Segundo Viganó (2010), "uma reabilitação só pode ter sucesso na condição de seguir o estilo que é sugerido pela estrutura subjetiva do psicótico, por seus sintomas" (VIGANÓ, 2010, p. 52).

Nessa perspectiva, o recurso da construção do caso clínico nem sempre é utilizado nos serviços públicos de saúde mental; muitas vezes o paciente chega ao serviço público de saúde mental, passa por uma "triagem" e, não raro, é encaminhado para outro serviço, circulando por vários pontos da Rede de Atenção Psicossocial sem ser acolhido e sem ter oportunidade de inserção em uma clínica a dois para receber tratamento farmacológico e intervenção no social. Esse tipo de acolhimento cria impasses nos trabalhadores que se deparam com uma tensão entre a gestão e a clínica, muitas vezes naufragando diante de uma clínica burocrática ou uma clínica dos encaminhamentos.

Nesse contexto, a metodologia do Projeto Terapêutico Singular (PTS), orientada pela Teoria Cognitiva Comportamental, tão em moda atualmente, tem uma proposta positivista, utilizando itens fundamentais com o objetivo de diminuir possibilidades de erro e maximizar a implicação de profissionais empregando a metodologia que valoriza o universal, o resultado esperado em protocolos e fluxogramas. Portanto, essa corrente epistemológica que orienta o PTS considera a hierarquia de evidências, atendendo as demandas assistencialistas e deixando de fora a particularidade do caso e a singularidade do sujeito.

Nessa lógica, Zenoni (2000) aponta algumas oposições entre a prática desenvolvida em uma instituição pela psicanálise e pela Medicina Baseada em Evidência (MBE). Relatou que a MBE visa a reduzir a pregnância do sintoma, enquanto a psicanálise visa a aflorar o significante inconsciente; a MBE quer o bem e a saúde do paciente, e a psicanálise visa "a emergência do desejo, que pode comportar o mal-estar e a angústia" (ZENONI, 2000, p. 13). O autor convida-nos a reconhecer a diferença das duas práticas e esclarece que o psicanalista que trabalha em uma instituição deve estar atento em não fazer desta a "sala de espera" do seu consultório particular e em direcionar a sua prática dentro do modelo assistencialista. Zenoni relata que: "A clínica permite, frequentemente, a entrada na experiência psicanalítica, mas nem sempre. A clínica exige, também frequentemente, uma resposta que pode ser simplesmente a de uma prática social ou institucional" (ZENONI, 2000, p. 15).

Nessa direção da construção do caso clínico orientado pela psicanálise de orientação lacaniana em uma instituição pública de saúde mental, Miller (1999) adverte que

> Os analistas têm que passar da posição de analista como especialista da desidentificação à de analista

> cidadão. Um analista cidadão no sentido que tem esse termo na teoria moderna da democracia. Os analistas precisam entender que há uma comunidade de interesses entre o discurso analítico e a democracia, mas entendê-lo de verdade! Há que se passar do analista fechado em sua reserva, crítico, a um analista que participa; um analista sensível às formas de segregação; um analista capaz de entender qual foi sua função e qual lhe corresponde agora (MILLER, 1999, p. 08).

Nessa perspectiva, Miller (1999) estimula a participação do analista na Rede de Atenção Psicossocial (RAPS), respeitando a democracia, a cidadania e trabalhando em equipe, tomando partido nas questões das políticas públicas, mas também testemunhando a sua prática por meio de publicações e intervenções no campo teórico-prático. O analista que trabalha em uma instituição deve participar para promover um serviço de saúde mental que respeite a singularidade do Ser falante e pronunciar-se contra uma instituição de saúde mental que tem como princípios a segregação e a exclusão do sujeito.

Nesse sentido, Miller continua dizendo que,

> o analista útil, cidadão, é alguém que avalia as práticas e também aceita ser avaliado, mas ser avaliado sem temor, sem um respeito temeroso, cauteloso diante dos pré-julgamentos da Ciência. Quando se vem dizer-lhes, com arrogância, que a prática analítica não é útil ou não é eficaz, porque tal tipo de terapia cognitiva é supostamente mais útil, os analistas têm que demonstrar o contrário com sua experiência, e isso não é muito difícil. Não se deve pensar que são coisas extravagantes e do outro mundo (MILLER, 1999, p. 12).

Nesse contexto da psicanálise aplicada na saúde mental, convém situá-lo de modo mais preciso. Quando falamos em construção do caso clínico, fazemos oposição a outras práticas de elaboração clínica baseadas em protocolos semiológicos e de Projetos Terapêuticos construídos a partir de uma demanda assistencialista e cognotivista. Trata-se de um acompanhamento do paciente baseado no discurso e no diagnóstico estrutural do sujeito/Ser falante e não do indivíduo/cidadão. A construção do caso clínico, portanto, é uma importante metodologia que visa a estabelecer as ferramentas necessárias para a direção do tratamento.

Nesse sentido, Guimarães (2008) enfatiza que o caso clínico tem sido utilizado de várias formas ao longo da história da psicanálise, por meio de história clínica ou de ilustração ou fragmento do caso clínico, sem que, com isso, se configure um modelo ou padrão a ser seguido. A autora toma como referência teórica os ensinamentos de Lacan para formular os conceitos norteadores do trabalho de construção do caso clínico, descrevendo as condições de abertura para o ato analítico, a importância do diagnóstico e da estratégia do analista na transferência e os dados clínicos relevantes para a construção.

Nessa lógica, contamos com a contribuição de Figueiredo (2002), que faz uma distinção entre a história clínica e o caso clínico, sendo o primeiro um relato rico em detalhes, conteúdos e cenas, enquanto o segundo nada mais é que o resultado do que se retira das intervenções do psicanalista na condução do tratamento e do que é depurado do relato clínico.

Contamos também com as contribuições de Viganó (1999), que desenvolveu um método de construção do caso clínico, mais precisamente, em uma instituição de saúde mental na Itália, método que inaugurou uma nova forma de se pensar a clínica no Centro de Atenção Psicossocial (CAPS), principalmente em Minas Gerais. Essa metodologia não desconsidera as questões políticas, ideológicas e o contexto em que o caso vai ser construído, mas tem o propósito de demonstrar que é possível, no final, ter uma avaliação que contenha em si a transferência como eixo da clínica.

Nesse sentido Viganó (2010) encontra na construção do caso clínico uma forma de transmissão da clínica psicanalítica, onde há uma amarração lógica entre os conceitos:

> Pode-se dizer que o dualismo mente-corpo, que se prestava às mais diversas interpretações, foi substituído por uma equação mente = corpo, na qual o sinal da equação é a clínica, o caso clínico. Pode-se ler assim: mente sintoma do corpo. A guerra sobre a causa passa a ser substituída pela construção do caso clínico (VIGANÓ, 2010, p. 2).

Portanto, de acordo com Viganó, construir o caso clínico é colocar o sujeito a trabalho, registrar seus movimentos, recolher suas passagens e conhecer a sua maneira de "andar na vida". O autor recomenda que o praticante deve destituir-se de uma posição que concentra um saber prévio àquilo que o sujeito pode oferecer como bússola para o seu tratamento. Colocou em pauta "O método de construção do caso clínico com o propósito de demonstrar que é possível uma avaliação que compreenda a transferência como eixo da clínica" (VIGANÓ, 2010, p. 43).

Nessa perspectiva, Viganó revela que após a discussão do caso clínico a avaliação deve consistir numa síntese da história de vida do paciente e num planejamento de seus projetos de vida, onde serão avaliadas as posições subjetivas do sujeito durante o tratamento sob transferência.

Nesse sentido, constatamos que a construção de um caso não é uma acumulação exaustiva de dados, nem o desenvolvimento de uma biografia, ciente de que nem tudo é importante, por isso é necessária a orientação de uma teoria que vá nos permitir pensar sobre o caso.

Nesse contexto, Miller (2017) discute os princípios da Psicanálise em suas aplicações mais diversas. Para Miller, não é importante a confusão entre psicanálise pura e psicanálise aplicada à terapêutica, o importante é a confusão que se faz em nome da terapêutica, o que é a Psicanálise com o que ela não é. Utiliza o grafo do desejo para demonstrar a diferença radical entre Psicanálise e Psicoterapia. O Analista tomado pelo desejo do analista abdica do lugar do Outro para que o sujeito apareça, a Psicoterapia encarna o lugar do Outro, do mestre, respondendo para o sujeito algo do seu desejo, permanecendo no andar de baixo do grafo, onde acontece a fala e a especulação do sentido. No andar superior o sujeito se depara com a pulsão, com o "Que queres?", *Che vuoi*? Com a pulsão e com o sem sentido. Miller, seguindo os passos de Lacan, vai demonstrando a evolução do pensamento lacaniano e as elaborações em relação à psicanálise pura – aquela que leva ao momento do Passe – e a psicanálise aplicada à terapêutica, que leva em conta o sintoma (MILLER, 2017).

2. O CASO DO JOVEM DE BÁRBARA-CENA

Chamarei de Jovem de Bárbara-Cena o rapaz que chegou com encaminhamento do Centro de Saúde da área de abrangência de sua residência para acolhimento no Centro de Atenção Psicossocial (CAPS),[5] que é a unidade de referência em caso de emergência ou urgência psiquiátrica devido a quadro de agitação psicomotora (APM), auto e heteroagressividade. O CAPS atende também outras situações clínicas que impossibilitem estabelecer laços sociais e realizar projetos de vida.

Em função da complexidade e da gravidade, este caso apresentou-se como um caso social – aqueles dentro dos instrumentos jurídicos e assistenciais, movimentando por muitos anos toda a Rede de Atenção Psicossocial (RAPS), devido ao quadro de vulnerabilidade social (abandono familiar, sem moradia, sem recursos financeiros, sem acesso à educação e à assistência social), e um caso clínico devido ao adoecimento psíquico com sintomas de agressividade e agitação psicomotora.

O tratamento foi dividido em dois momentos com fases distintas. O primeiro momento abrange um período de cinco anos, iniciando com a sua primeira entrada no CAPS. Nesses cinco anos, o paciente foi atendido por três Técnicos

5 São dispositivos da Rede de Atenção Psicossocial (RAPS) substitutivos aos hospitais psiquiátricos, constituídos por equipes multiprofissionais que realizam prioritariamente atendimento às pessoas com sofrimento mental grave (BRASIL, 2015).

de Referência (TR) antes do autor deste livro. A primeira técnica atendeu-o por dois anos e justificou seu afastamento do caso dizendo que não poderia continuar o atendimento por dois motivos: mudança de área e consequente perda de vínculo com o paciente. A segunda atendeu-o por um ano, e não consta nos prontuários o motivo da passagem da função para a terceira, que justificou dificuldade no manejo clínico que a impedia de continuar com os atendimentos. Nesse primeiro momento, a direção do tratamento foi fundamentada nos princípios básicos da Terapia Cognitivo- Comportamental e o diagnóstico de Retardo Mental (F 70) foi sistematizado pela classificação Internacional de Doenças e Problemas Relacionados à Saúde (CID).

Todos os relatos foram extraídos dos prontuários, das anotações pessoais do autor e dos raros encontros com a família:

> O paciente com sua dificuldade cognitiva, baixo limiar à frustração, comportamento pueril e considerando o ambiente desfavorável para uma permanência prolongada, demandou estudo do caso e investimento de recursos da terapia comportamental, como forma mais adequada de abordagem com o Jovem de Bárbara-Cena (Relato da Técnica de Referência).

Nesse primeiro momento, o Projeto Terapêutico Singular (PTS) foi o norteador do tratamento, conforme registrado nos prontuários:

> O PTS do paciente foi direcionado às suas necessidades diferenciadas, estimulando a aceitação de limites, construção de relações de cuidado e participação em atividades com mensagens transmitidas de forma simples, concreta e de forma repetida. [...]. Evidentemente, algumas intercorrências ocorriam e

> continuam a acontecer devido às demandas frustradas onde o paciente apresenta episódios de agitação com auto e heteroagressividades, pois não deixou em momento algum enquanto esteve no CAPS de explicitar de todas as formas que lhe são peculiar sua insatisfação de estar permanentemente no serviço e desejo de estar em 'casa' (Relato da Técnica de Referência).

Nesses primeiros cinco anos, a direção do tratamento era implicar a família do paciente no tratamento, conforme relato a seguir:

> O contato do CAPS com o Centro de Saúde foi constante com o propósito de um melhor manejo das dificuldades do caso, principalmente referente ao trabalho com a família. Muitos relatórios e reuniões foram realizados na tentativa de se trabalhar possibilidades sociais para uma adequada convivência do jovem e sua família. Os relatórios produzidos posteriormente descrevem e marcam sua história clínica e percurso escritos por assistentes sociais, psicólogos e demais profissionais que se envolveram no caso, evidenciando o esgotamento de tentativas da reinserção familiar (Relato do Técnico de Referência).

As agitações psicomotoras e as auto e heteroagressividades foram interpretadas como um baixo limiar às frustrações e ao quadro de vulnerabilidade social.

> Em grande parte das vezes o paciente busca a família evadindo do serviço. Como agravante, a constante negação da mãe em recebê-lo, rejeitando-o, a reação de agitação e agressividade se intensifica (Relato do Técnico de Referência).

Desde o primeiro momento, a mãe expressou claramente a dificuldade em lidar com o filho em casa e ameaçou chamar a polícia se chegassem com o filho na casa dela.

O segundo momento aconteceu com a entrada do autor no caso, quando então o tratamento e o diagnóstico de esquizofrenia foram pautados pela Psicanálise de Orientação Lacaniana.

O Jovem de Bárbara-Cena chegou ao Centro de Atenção Psicossocial (CAPS) logo após completar a maioridade. Chegou de SAMU, sem relatório de encaminhamento, acompanhado por uma vizinha que não sabia fornecer informações, tais como: uso de medicamentos, como era a rotina dele, se frequentava escola etc. Ela falou somente que ele fazia tratamento no Centro de Saúde próximo de sua casa, que quebrou "as coisas" em casa e que a mãe estava muito nervosa e pediu para ela acompanhá-lo no atendimento no CAPS.

A vizinha falou também que, sempre que os pais o proibiam de algo, ele ficava exaltado e agressivo, chegando a agredir a própria mãe. Disse que o paciente morava com os pais, três irmãos (mais velho e duas irmãs gêmeas mais novas) e com os avós maternos, que eram idosos e tinham medo de serem agredidos pelo neto. O irmão mais velho era casado e não interferia nos conflitos na casa dos pais.

O plantonista relatou que o paciente chegou tranquilo, apresentando dificuldade em responder às perguntas da anamnese, com claro déficit intelectual.

O paciente relatou que frequentava uma escola próxima ao centro da cidade, sem dar mais detalhes. Não soube falar o motivo de sua ida ao CAPS nem as medicações que usava.

Sem mais informações sobre o tratamento do paciente, o plantonista entrou em contato por telefone com o Centro de Saúde e informou-se sobre as medicações de que o paciente fazia uso. Mediante essa informação, foi possível fazer nova prescrição mantendo as mesmas medicações.

De acordo com os sintomas apresentados pelo paciente e o relato da vizinha, o plantonista suspeitou tratar-se de um caso de Retardo Mental Moderado + Autismo. O Jovem de Bárbara-Cena foi medicado e referenciado para continuar o tratamento no Centro de Saúde de sua área de abrangência. A vizinha foi orientada a pedir que a mãe comparecesse ao CAPS levando o encaminhamento do Centro de Saúde e fornecendo mais informações a respeito do paciente.

Passados três dias, a mãe compareceu ao CAPS demandando informações sobre o que fazer em relação ao tratamento do filho. Ela entregou o encaminhamento em que constavam informações básicas sobre o tratamento, a medicação e o diagnóstico:

> Trata-se de paciente, adulto jovem, que esteve em tratamento médico psiquiátrico neste serviço de forma irregular (familiares traziam na urgência com mais frequência. Atualmente em uso de 03 ampolas de Haldol Decanoato IM mensalmente, levomepromazina (200mg/dia) e Biperideno (2 mg/dia).
>
> CID 10: F 71.1[6] (Relato do plantonista do CAPS).

A mãe foi orientada a levá-lo ao Centro de Saúde para continuar o tratamento psiquiátrico. Na guia de referência para o Centro de Saúde constavam o motivo do atendimento, a prescrição médica e a hipótese diagnóstica de: F 70 + F 84 (CID 10).

6 Segundo a Classificação Estatística Internacional de Doenças e Problemas Relacionados à Saúde, Décima Revisão – CID 10 (OMS, 2008), F 71.1 é classificado como Retardo Mental Moderado.

Nesse curto espaço de tempo, observamos três diagnósticos diferentes: Retardo Mental Moderado (F 70.10), Autismo (F 84.0) e Transtornos Globais do Desenvolvimento (F 84), todos baseados na Classificação Estatística Internacional de Doenças e Problemas Relacionados à Saúde (CID 10), fundamentada na teoria biologicista, que prioriza a descrição dos sintomas de forma objetiva não levando em consideração a fala do paciente e a sua experiência subjetiva na vivência da doença. Somente os fenômenos foram valorizados (quebrar os móveis de casa, bater na mãe, no pai e nos irmãos etc.).

Em relação ao diagnóstico, Freud desde muito cedo já sinalizava que o importante não era o corpo anatômico e sim o corpo simbólico, e com isso ele se afastou do diagnóstico puramente médico estabelecendo o diagnóstico como um dos primeiros norteadores para a construção do caso clínico e para a direção do tratamento.

Regularmente, a mãe levava-o a um hospital psiquiátrico da capital, na esperança de interná-lo. O hospital referenciava-o para o CAPS e a mãe pressionava o serviço para deixá-lo em permanência dia,[7] sem critério clínico, justificando que não tinha condições de ficar com o filho em casa.

A mãe iniciou um movimento de deixá-lo nas Unidades de Saúde (Pronto Atendimento – UPA, Hospitais psiquiátricos) sem deixar endereço, até abandoná-lo no CAPS, onde permaneceu por 08 anos devido ao abandono familiar.

A pesquisa feita nos 21 prontuários revelou os atendimentos dos Técnicos de Referência e dos profissionais do Centro de Atenção Psicossocial (CAPS), que descreveram a história pessoal e clínica desse Jovem de Bárbara-Cena,

7 Modalidade de atendimento em que o usuário permanece durante o dia no CAPS e à noite vai para casa.

sua busca incansável pela mãe, num eterno processo de alienação no outro. Sem ter um lugar no seio familiar e sem capacidade simbólica para construir o seu próprio lugar de sujeito, ao completar a maioridade, ele foi abandonado à própria sorte, sendo deixado no CAPS de uma cidade da Região Metropolitana de Belo Horizonte (RMBH) por 08 anos.

2.1. História Familiar

Figura 1 - Genograma e ecomapa da família do Jovem de Bárbara-Cena

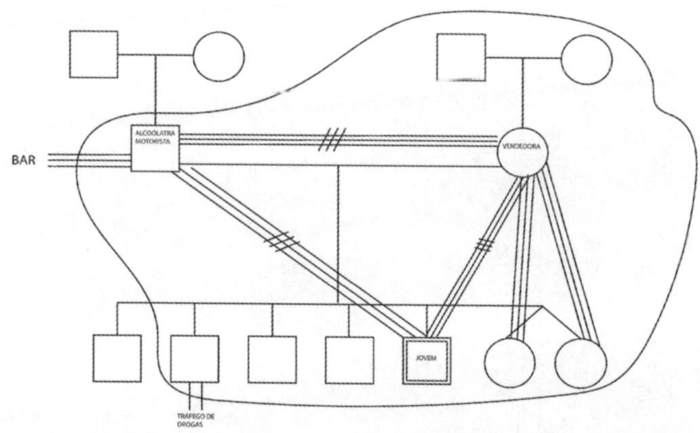

Fonte: Genograma e ecomapa elaborados pelo autor.

O genograma acima ilustra a estrutura familiar do Jovem de Bárbara-Cena. Nele estão representados todos os membros da família, propiciando uma rápida visualização da constelação familiar.

Por sua vez, o ecomapa, representado pelas linhas que ligam os membros da família, sinaliza o padrão de relacionamento entre eles e a comunidade, permitindo conhecer rapidamente como os membros da família se relacionam entre si e com os seus vínculos sociais.

Portanto, o genograma e o ecomapa

> São retratos gráficos da história e do padrão familiar que identificam a estrutura básica, o funcionamento e os relacionamentos da família e, assim, evidenciam estressores, constituindo um mapa relacional do paciente e sua família (MUNIZ; EISENSTEIN, 2009, p. 2).

O ecomapa mostra-nos, por meio das linhas tracejadas que ligam o casal, o conflito conjugal, e as que ligam o pai e a mãe ao paciente revelam também a existência de relações conflituosas entre cada um dos genitores e o filho.

O pai era alcoólatra. Agredia moral e fisicamente a esposa e quebrava os móveis da casa. O paciente também era agredido quando tentava proteger a mãe da violência do pai.

A mãe era vendedora e tinha medo que o paciente abusasse sexualmente das duas irmãs gêmeas, que eram mais novas; por esse motivo, a mãe optou por sair do emprego para "proteger" as gêmeas do paciente. O irmão mais velho era envolvido com o tráfico de drogas.

Convido o leitor a acompanhar a vida desse sujeito que desde sempre foi marcada por bárbaras cenas, por rejeição, vítima de violência física, psicológica, negligência e violação de seus direitos de cidadão.

Vamos conhecer um pouco da história de nascimento e a primeira infância desse jovem contada pela mãe no único encontro que o autor teve com ela, ao final do tratamento do paciente.

2.2. Do nascimento à primeira infância

Este relato foi colhido num primeiro e único contato que tive com a mãe do paciente, quando ela compareceu ao CAPS. Nessa data, o paciente já estava morando em uma

Residência Terapêutica. Aproveitei a oportunidade para conhecer a história do nascimento dele contada pela mãe.

A mãe informou que o paciente nasceu em um pequeno distrito de uma cidade do interior de Minas Gerais, próximo à cidade de Barbacena. Era um povoado muito carente, desprovido de recurso médico hospitalar, razão pela qual ela não fez consultas de pré-natal. Quando entrou em trabalho de parto, foi transportada dentro de uma carroça para a cidade vizinha. Chegou ao hospital à noite e não tinha médico de plantão. Passou a noite na enfermaria junto com outra gestante também em trabalho de parto. Ouviu uma funcionaria dizer que: "passou da hora de nascer, um dos dois vai morrer, ou a mãe ou a criança". Adormeceu em seguida e não se lembrou de mais nada.

Ao amanhecer, acordou com uma profissional entregando-lhe um bebê, ficou assustada, pensou que não podia ser seu filho e imaginou que seria o filho da outra parturiente que também estava em trabalho de parto. Lembrou-se do que ouviu na noite anterior "que um dos dois iria morrer". Deduziu logicamente: "já que estou viva, o meu filho morreu".

Relatou que saiu do hospital sem entender o que tinha acontecido naquela noite. Recebeu alta e voltou para casa com o recém-nascido. Ela comentou que foi uma gravidez muito diferente das quatro primeiras. Que aconteceram coisas muito estranhas. Contou-me dois fatos que, para ela, pareceram muito estranhos: o primeiro foi a queda da própria altura batendo a barriga no chão com muita força e o segundo foi um grande susto e medo que sentiu ao ver uma enorme cobra de duas cabeças, com cores exuberantes, dentro da cozinha de sua casa, em cima da pia, perto do filtro de água. Apesar da barriga grande e pesada, saiu correndo desesperada, gritando por socorro e, quando voltou acompanhada por vizinhos, ninguém encontrou a tal cobra. No capítulo 5, encontramos um desenho do paciente intitulado "A cobra e o demônio".

Esses acontecimentos vivenciados pela mãe do jovem, somados ao que ouviu naquela noite na maternidade, funcionaram como uma profecia que preconizou que, se o filho ficasse vivo, ela – a mãe – morreria, ou, se a mãe ficasse viva, o filho morreria. Semelhante ao que o oráculo de Delfos falou a Laio sobre o nascimento de seu filho Édipo – que uma maldição iria se concretizar: seu próprio filho o mataria.

Durante a reconstrução da história desse sujeito de Bárbara-Cena, vamos encontrar vários movimentos feitos pelos dois – mãe e filho – para mantê-los separados.

Vamos acompanhar um pouco mais a história desse jovem, contada pela mãe. Ela comentou que o paciente sempre foi diferente dos irmãos. Os vizinhos falavam que ele tinha algo de diferente e aconselharam-na a levá-lo ao médico para fazer exame de cabeça. Por esse motivo, ela agendou uma consulta com o médico da cidade, mas não o levou.

Contou-me ainda que o paciente sempre foi muito agressivo desde criança e chegava a bater nela e nos irmãos mais velhos quando ele não conseguia o que queria.

A família mudou-se para uma cidade na Região Metropolitana de Belo Horizonte quando o paciente ainda era criança. Devido ao comportamento agressivo, ele passou a ser acompanhado pela equipe de Saúde Mental do Centro de Saúde, e nos momentos de agitação psicomotora (APM) e heteroagressividade era necessário viajar até Belo Horizonte para ser atendido no Centro Psicopedagógico (CPP).

A mãe sempre se queixou de que o filho era agressivo e com baixo limiar às frustrações, mas os sintomas acentuaram-se a partir dos 09 anos de idade. Ele frequentava escola especial, mas não foi alfabetizado devido a várias agitações psicomotoras e heteroagressividade direcionadas aos professores e colegas de sala de aula, culminando em sua expulsão da escola.

2.3. História clínica

A mãe não o levava ao Centro de Saúde conforme orientação dada pelo plantonista do CAPS, nem dava a medicação conforme a prescrição, e no mês seguinte o recebemos referenciado pelo Hospital Psiquiátrico, conforme encaminhamento a seguir, feito pelo psiquiatra que o atendeu no hospital:

> Encaminho o paciente com quadro de F 71. (CID 10). Família não sabe dizer a medicação que o paciente usa. Foi medicado nesse serviço com Levomepromazina 100 mg (1 comp.V.O). Sugiro inserção na permanência dia e orientação familiar. Ao exame: apresentou-se bastante tranquilo e sem qualquer agressividade.

O paciente chegou calmo e abordável ao CAPS. Por estar sem tomar as medicações e sem ir às consultas agendadas, ficou insone, impulsivo, agitado e agressivo com a mãe. Ela insistia em deixá-lo no CAPS em regime de permanência dia. Diante da negativa de pedido, ela ficava exaltada, gritava e chorava. Mesmo assim, o paciente foi liberado para casa na companhia da mãe e do irmão, levando o encaminhamento para continuar o tratamento no Centro de Saúde. Pouco tempo depois, retornaram dizendo que o paciente havia brigado com eles no ponto de ônibus e que não podiam levá-lo para casa daquele jeito (agitado e agressivo). O paciente entrou no CAPS e, sem falar nada, desferiu um soco na parede machucando a mão, sendo necessário encaminhá-lo para avaliação ortopédica. Devido ao conflito familiar no ponto de ônibus e por ter machucado a mão, ele ficou o dia todo no CAPS e, quando foi levado para a casa, ninguém foi encontrado, sendo necessário voltar novamente à casa da mãe para entrega-lo à família.

Durante todo o período do tratamento sob a orientação da Teoria Cognitiva Comportamental conforme relato anterior, foi rotina acolher o paciente no CAPS, sempre chegando com as mesmas queixas: nervosismo, impulsividade, agitação psicomotora e heteroagressividade. O irmão comentou que "ele brigava por qualquer motivo, e agredia a mãe e jogava o fogão no chão por motivo fútil".[8] A justificativa que o paciente dava era sempre a mesma: a mãe o xingou e não quis ouvi-lo.

A família não o levava às consultas agendadas no CAPS nem no Centro de Saúde. A Equipe Saúde da Família fazia visita domiciliar para medicá-lo, mas não o encontrava em casa.

Devido à falta de suporte familiar e ao uso irregular da medicação, o paciente apresentava vários episódios de agitação psicomotora, auto e heteroagressividade em casa e na escola, sendo então sempre levado para o CAPS ou para o ambulatório de um hospital psiquiátrico da cidade vizinha.

Uma vez a mãe chegou sozinha ao CAPS pedindo insistentemente que o serviço resolvesse o problema do filho, pois ele já era maior de idade e já podia ser internado num hospital psiquiátrico. Ela justificou a intenção de interná-lo usando como argumento os vários episódios de agitação e agressividade direcionada tanto para ela quanto para o pai. Insistiu em dizer que não tinha condições de cuidar do filho por causa do alto nível de impulsividade e agressividade dele.

Ela foi acolhida, mas não teve atendida a demanda de internar o filho em um hospital psiquiátrico. Foi orientada quanto à política de saúde mental do Município, que preconiza o tratamento no CAPS e/ou no Centro de Saúde, que são os atuais dispositivos substitutivos dos hospitais psiquiátricos.

8 Relato do irmão durante o acolhimento do paciente no CAPS.

Não sendo atendida em sua demanda, ela entregou um bilhete no qual expressou a sua preocupação em manter o filho em casa. Relata que o filho é muito agressivo e coloca em risco todos os que convivem com ele. Descreve uma cena de barbárie, quando o paciente apresentou uma "crise de nervos", batendo o portão com muita força e, quando foi abordado por um irmão, arremessou uma pedra de quase quatro quilos na direção deste, atingindo-o na perna e quase fraturando-a. Refere preocupação em ser despejada da casa onde mora de aluguel, porque o filho grita muito e assusta os vizinhos e joga pedra na casa deles.

Acompanhando a trajetória do paciente, observamos que "esse não saber o que fazer com o filho" já estava presente durante a gestação. Sem investimento libidinal, a mãe não supriu a carência do recém-nascido, que ficou sem matriz para as futuras identificações, selando para sempre o seu destino, que o fez vagar sem uma mãe que não convocou um pai ou o Nome-do-Pai, para que exercesse a função paterna, responsável por uma operação fundamental: a castração, que consiste na introdução da lei simbólica e no processo de separação, deslocando a criança do lugar de puro objeto da mãe. E, assim, o Jovem de Bárbara-Cena continuou suas andanças pela Rede de Atenção Psicossocial enquanto sua mãe continuava fugindo dele, como se foge de um fantasma.

Repetidas vezes o paciente foi inserido em permanência dia[9] no CAPS. Num desses atendimentos, a psiquiatra registrou que ele estava apresentando alucinação auditiva – "O paciente faz referência à voz falando, digo, fazendo barulho em seu ouvido." "HD. F 71/F 29?" (Relato extraído da pesquisa dos prontuários).

9 Permanência Dia => modalidade de atendimento realizado pelos CAPS dentro da perspectiva do modelo de saúde ampliada. O usuário passa o dia e dorme em casa.

Novamente o diagnóstico do paciente foi interrogado. Podemos observar que o diagnóstico de Retardo Mental (F71) foi mantido e o de psicose (F 29) foi interrogado. Ambas as hipóteses baseadas no CID 10, que classifica as doenças e o portador de sofrimento mental de acordo com a descrição dos sintomas fundamentada na psicopatologia comportamental, que entende o homem como um conjunto de comportamentos observáveis. De acordo com o CID 10, o código F 29 reúne os transtornos delirantes próprios da esquizofrenia.

Portanto, como já foi apontado anteriormente, percebemos a importância do diagnóstico como ferramenta primordial para a construção do caso clínico. Voltaremos a esse tema no capítulo Construção do Caso Clínico desse Jovem de Bárbara-Cena.

2.4. Chegou ao ambulatório de Urgência Psiquiátrica

A primeira vez que o Jovem de Bárbara-Cena foi levado ao ambulatório de Urgência Psiquiátrica, ele chegou de SAMU acompanhado pela família, devido a conflitos familiares, com agressões violentas direcionadas ao pai. Durante o acolhimento, o paciente diz ter agredido o pai, ter dado um soco e uma cadeirada nele, porque ele bateu na mãe e nele. O paciente contou que o pai também o agrediu com uma cadeirada nas costas.

Da segunda vez, ele chegou algemado pela Polícia Militar, acompanhado da mãe, com relato de agitação extrema e heteroagressividade grave direcionada à mãe. Disse que o irmão tentou enforcá-lo, e por isso ele agrediu a mãe.

E assim o paciente foi levado ao ambulatório de urgência psiquiátrica inúmeras vezes pelos mesmos motivos (APM, Heteroagressividade), sendo medicado pontualmente e no dia seguinte encaminhado ao CAPS.

Devido à alta frequência de atendimento no ambulatório de urgência ele era conhecido por todos os funcionários do Serviço, do SAMU e da Polícia Militar como o Jovem de Bárbara-Cena.

2.5. Primeiro abandono familiar

Os familiares levaram o paciente para atendimento em um hospital psiquiátrico público, queixando-se que ele estava apresentando agitação psicomotora (APM) e heteroagressividade, deixando-o no hospital sem informar o endereço ou telefone de contato. A mãe começou a repetir esse comportamento de deixá-lo nas Unidades de Saúde sem informar o endereço de moradia.

Na tentativa de localizar a família, a Assistente Social do hospital entrou em contato com o CAPS, informando que o paciente foi abandonado naquele serviço. O plantonista do CAPS informou os contatos telefônicos e o endereço da família e orientou-a para fazer contato com o Centro de Saúde de referência do paciente.

Como a família não foi localizada, ele foi abandonado na rua. A vizinha da família informou que eles tinham mudado sem deixar endereço. Assim, ele foi acolhido e inserido em tratamento intensivo[10] pela primeira vez no CAPS.

10 Tratamento intensivo => Modalidade de atendimento em que o usuário permanece durante o dia e a noite no CAPS.

2.6. Encontrou a família

Sem ter onde morar, o Jovem de Bárbara-Cena ficava no CAPS dia e noite, evadindo diariamente na tentativa de encontrar a família. Voltava sempre trazido pela Polícia ou pelo SAMU. Numa dessas evasões, ele encontrou uma pessoa conhecida que sabia onde a família estava morando e o levou ate lá. Assim, ele voltou a morar novamente com a família.

Porém, a mãe continuava determinada a mantê-lo longe dela. Ora o deixava sedado o dia todo sem que pudesse levantar-se da cama até para se alimentar, ora o deixava sem medicações e ele ficava exaltado e agressivo. Numa das discussões com a mãe, ele a agrediu com um chute, fraturando-lhe a perna. Foram acionados a Polícia Militar e o SAMU, que o levaram para o hospital psiquiátrico, onde justificou que bateu nela porque não estava prestando atenção ao que ele falava.

A mãe ficou alguns dias internada no hospital por causa da fratura na perna e de lá pediu para a Assistente Social telefonar para o CAPS avisando que não iria mais recebê-lo em casa e que era para deixá-lo internado para sempre no Hospital Psiquiátrico de Barbacena.

O paciente permaneceu tranquilo no CAPS e pediu para ficar uns dias no serviço porque a mãe estava muito nervosa.

Devido ao quadro de APM e heteroagressividade seguida de calmaria, o psiquiatra do CAPS suspeitou de um quadro de epilepsia ou de psicose:

> O inusitado do ato de violência e a tranquilidade do paciente após praticá-lo chama a nossa atenção; parece que o faz num certo estado crepuscular (epilepsia) ou existiria algo da ordem da falta de mediação da psicose (Psiquiatra do CAPS).

Mais uma vez, deparamo-nos com a questão do diagnóstico questionado na vertente da psicopatologia médica, que considera os sintomas como consequência do mau funcionamento do cérebro. Uma psicopatologia que não questiona a natureza da doença ou dos sintomas, muito menos da existência de um sujeito movido pelo seu inconsciente. Voltarei a esse tópico no item Construção do Caso Clínico do Jovem de Bárbara-Cena.

2.7. Tratamento Intensivo no CAPS

O paciente chegou ao Hospital psiquiátrico acompanhado pela Polícia Militar, porque estava perambulando pelas ruas sem rumo, falando que estava procurando pela mãe. No dia seguinte, foi encaminhado para o CAPS. No acolhimento, conta que quando chegou em casa não encontrou a mãe nem os móveis. Ele foi inserido em Tratamento Intensivo (dia e noite)/Atenção Contínua por abandono familiar. A Referência Técnica do caso notificou o Ministério Público e solicitou providências para o problema, justificando que o CAPS é um dispositivo da Rede de Atenção Psicossocial (RAPS) que visa a acolher e atender os portadores de transtornos mentais graves e persistentes, procurando preservar e fortalecer os laços sociais do usuário em seu território, e que o CAPS não era local para abrigamento ou moradia.

Durante todo o período de Atenção Contínua no CAPS, o paciente oscilou entre momentos de tranquilidade e agressividade, de erotização e irritabilidade, agitação psicomotora e heteroagressividade, solilóquios e risos imotivados. Ora aceitando a dieta e as medicações sem resistência, ora recusando. Perguntando sempre pela mãe e quando voltaria para casa e para a escola. Evadia inúmeras vezes, sempre voltando com a Polícia Militar ou com o SAMU. Chegava da rua dizendo que estava procurando pela mãe. Demandava sempre reencontrar a família, apresentando choro fácil e ameaçando automutilar-se cortando os pulsos:

> [...] quando perguntado sobre o incidente em que pegou uma tesoura dizendo querer se machucar, afirmou ter motivação num xingamento do irmão (?). Há relato da enfermagem de que, há dois dias, pegou frasco de medicamento vazio para cortar-se. Optou-se por não liberá-lo para a escola (Psiquiatra do CAPS).

O paciente falava que iria chamar alguém para quebrar a televisão e a geladeira; ao ser interrogado onde ele iria fazer isso, respondia que seria na casa do irmão, justificando que foi xingado por ele e por isso iria colocar fogo na casa dele. Nesse momento, o paciente não tinha contato com o irmão, mas insistia em dizer que ele o xingara. No dia seguinte, pegou um litro de álcool e uma caixa de fósforos, e foi necessário segurá-lo para retirar das mãos dele esses objetos inflamáveis. Quando perguntado sobre o que iria fazer com o álcool e com a caixa de fósforos, ele respondeu que iria "fumar papel".

Com o passar dos anos, ele ficou mais agressivo e mais ameaçador, dizia que iria "quebrar a cara" de quem o impedisse de ir embora. Ficava persecutório com os funcionários sem motivo aparente, quebrou vários vidros da janela e da porta do CAPS. Chutou portas, batia a cabeça na parede, provocava brigas, batia e apanhava dos pacientes sempre com a mesma justificativa de que estava sentindo saudades da mãe. Diante da justificativa que ele dava – "ele está rindo de mim, ele mexeu comigo, ele me xingou" –, sinalizava uma atividade delirante.

Apresentava episódios de agressividade dirigida a qualquer funcionário que fizesse uma intervenção ou falasse o que ele não gostava, ou devido a uma interpretação delirante.

Nesses eventos, percebemos os vários fenômenos elementares[11] da psicose, além da agitação psicomotora (APM) e da heteroagressividade. Os solilóquios, os risos imotivados, a alucinação auditiva (quando ele ameaçou a cortar os pulsos com uma tesoura dando como motivação um xingamento do irmão, com quem nesse momento ele não tinha contato), as atividades delirantes (ele está rindo de mim, mexendo comigo etc.). Ficou persecutório com os profissionais do CAPS, relatou que queria morrer, enforcar-se, levar um tiro, jogar-se em via pública. Essas atividades delirantes formaram os elementos que compuseram o processo psicopatológico do Jovem de Bárbara-Cena. "Tais fenômenos disruptivos seriam uma espécie de corpo estranho, ao qual, posteriormente, a mente reagiria tentando produzir uma resposta que pudesse dar conta dessa emergência originalmente desprovida de sentido" (LUSTOZA; CARDOSO, 2017, p. 135).

A delimitação dos fenômenos elementares dentro da psiquiatria varia muito entre os autores. Interessa-nos aqui o conceito desenvolvido pela Psicanálise de Orientação Lacaniana, que ampliou o conceito englobando todos os conjuntos de experiências enigmáticas. Portanto, a meu ver, esse sentido mais amplo dos fenômenos elementares é fundamental na questão do diagnóstico e na construção do caso clínico em psicanálise de orientação lacaniana.

A situação foi ficando cada vez mais complexa, causando um embaraço para o Técnico de Referência (TR) e para a equipe do CAPS, que tinham que lidar com um paciente "morador" do CAPS.

11 São elementos reveladores da clínica da psicose: os delírios, as alucinações, os fenômenos de corpo. São indicadores do sinal de foraclusão. Trata-se da exterioridade do inconsciente ou do inconsciente a céu aberto, como dizem os diversos psicanalistas de orientação lacaniana.

Com objetivo de amenizar essa situação, foram tentadas pernoites num único abrigo público da cidade que duraram poucos dias, pois ele ficou persecutório com um usuário e quebrou todos os vidros do local. Foram acionados a Polícia Militar e o SAMU, que o levaram para o hospital psiquiátrico e, pela manhã, para o CAPS. O paciente ficou proibido de ir ao abrigo. Ao ser perguntado por que ele quebrou os vidros, respondeu que ficou nervoso com um homem. Provavelmente por atividade delirante, porque segundo a versão dos funcionários ninguém mexeu com ele e não havia nenhum homem por perto quando ele ficou agitado. Devido a esse novo impasse quanto ao local de moradia, a TR entregou para a gerente um relatório solicitando providências.

> A situação é de conhecimento da Promotoria de Saúde Mental e da Gerência de Assistência Social. Desde o abandono familiar, o paciente tem sido acolhido no CAPS e esteve abrigado por 30 dias ou mais no Abrigo no período noturno. Devido a episódio de agitação psicomotora no Abrigo, após frustração, que inviabilizou sua permanência no mesmo [...]. Pede para ir para casa, quer encontrar a mãe. Pede uma casa para morar... (Técnico de Referência).

Nesse relatório, a TR demandou para o Outro[12] social o que o paciente demandava para o Outro materno. Mas esse Outro materno do paciente não ofereceu a ele o aporte necessário para ingressar no mundo simbólico e ter direito à cidadania e reconquistar o seu lugar ao sol.

12 Grande Outro (OUTRO) diz respeito a uma realidade discursiva criada por Jacques Lacan para representar um espaço aberto entre os significantes que o sujeito encontra desde o seu nascimento.

Prosseguindo seu relatório, a TR continuava repetindo as palavras do paciente, sem perceber que nada foi feito para provocar ressonância no sujeito, não o fazendo existir via linguagem, mantendo-o excluído e alienado no desejo materno.

> [...] falou em se matar, em se jogar na frente dos carros ou em se cortar. Parece-me que a permanência do paciente no CAPS tem lhe mostrado o comportamento de outros usuários, e isto está sendo iatrogênico para o mesmo. [...]. Solicito providências ao caso, visto que a falta do ambiente familiar de lar está promovendo sua desorganização e colocando em risco os avanços em sua cidadania (Técnica de Referência).

Segundo Viganó (2010), não conversar com o sujeito, não debater com ele também é uma forma de excluí-lo. "se o sujeito não se autoriza a falar, a dar um nome aos objetos, permanecerá ligado ao objeto que é a mãe" (VIGANÓ, 2010, p. 41).

Atendê-lo somente na vertente do caso social, dos dispositivos assistenciais, na repetição de seu discurso do puro significante é também uma forma de exclusão do sujeito. Viganó (2010) assinala que o caso clínico não exclui o caso social e que o importante é a articulação entre os dois, sendo o caso clínico a condição *sine qua non* para que haja o caso social. Quanto à direção do tratamento, Viganó destaca que o caso social é conduzido pelos profissionais e o caso clínico é gerido pelo sujeito, desde que o profissional dê a este condições para conduzir seu próprio caso clínico.

Sem ter onde dormir, o Jovem de Bárbara-Cena voltou a ficar dia e noite no CAPS, repetindo o mesmo ciclo de agitação e heteroagressividade. Continuou evadindo do serviço à procura da família. Era liberado para ir à escola quando se apresentava mais calmo, e da escola não voltava para o CAPS, muitas vezes ia para a casa do irmão ou ficava em errância, sendo levado para o CAPS pela Polícia Militar ou pelo SAMU.

Devido ao risco de se machucar pulando o muro do CAPS ao tentar evadir, o TR definiu com ele que poderia ser liberado para ir à escola ou à casa do irmão caso se comportasse bem. Esse irmão era o mais velho, casado, que não se envolvia nos conflitos familiares e, quando o paciente chegava à casa dele, era imediatamente levado para o CAPS. Somente ele sabia onde esse irmão morava.

Com o passar dos anos, era nítido o agravamento do paciente, mesmo sendo medicado com altas dosagens de antipsicóticos (Haldol Decanoato intramuscular de 21 em 21 dias, haldol via oral, Amplicitil, neozine), anticonvulsivantes e estabilizador de humor (Valproato Sódico), benzodiazepínico (diazepam), Haldol + Prometazina e várias medicações pontuais em momentos de extrema agitação psicomotora.

Com o passar do tempo, as prescrições médicas também foram alteradas, sofreu vários reajustes medicamentosos de acordo com o agravamento dos seus sintomas. Mesmo com alta dosagem medicamentosa, ele continuava evadindo do CAPS para procurar sua família. Continuava irritado, ameaçador, hostil, provocante, esmurrando portas, batendo a cabeça e socando a parede. Repetidas vezes foi preciso contê-lo mecânica[13] e quimicamente[14] para protegê-lo dele mesmo e evitar que se machucasse ou que ferisse os outros. Repetia que iria para a BR morrer atropelado, entrando debaixo de

13 Um procedimento terapêutico e não de repressão, utilizado quando nenhuma outra abordagem foi eficaz para proteger o paciente com alterações de comportamento, contra lesões e traumas provocados por ele a si mesmo ou a outros.

14 Contenção feita por meio de medicamentos.

um carro ou se cortando com uma faca. Esse comportamento causava ansiedade tanto na equipe quanto no Técnico de Referência (TR).

> Estou acompanhando a piora do quadro do paciente pela dificuldade na convivência com outros usuários do CAPS. Opto por solicitar à gerente do CAPS alguma intervenção junto ao caso (Técnico de Referência).

Nessa perspectiva, o Técnico de Referência elaborou e entregou um relatório para a gerente do CAPS solicitando um local para o paciente morar, justificando que o ambiente do CAPS propiciava sua desorganização psíquica e colocava a integridade física e mental dele em risco.

Na busca de solução do problema de uma moradia para o paciente, aconteceram várias reuniões com a Secretaria de Assistência Social para definir algumas estratégias, tais como: encontrar alguém para tutelá-lo, pesquisar um local para abrigá-lo, elaborar e enviar um relatório ao Promotor de Justiça e para a Secretaria de Saúde reiterando o pedido de um lugar de moradia para ele, tema que será detalhado no capítulo "A construção do caso clínico e o trabalho em rede".

Enquanto aguardava a definição da Promotoria, o TR elaborou e apresentou para a equipe do CAPS o primeiro de muitos Projetos Terapêuticos Singulares (PTS) contendo o plano de ação e a direção do tratamento do paciente, a saber:

1. Estimular a participação em pequenas tarefas, atividades e oficinas.
2. Respeitar a dificuldade cognitiva do paciente e explicar o que está acontecendo no momento.
3. Estimular a aceitação dos limites, usando frases simples e objetivas.

4. Buscar construir relações de cuidado com o paciente, onde, aos poucos, ele possa estabelecer relação de causa e consequência.
5. Acolher a demanda de atenção não significa atender todas as suas vontades.
6. Tratá-lo com respeito e cuidado.
7. Buscar identificar os momentos que antecedem a crise de agitação, procurando evitá-la.
8. Durante a crise, manter a firmeza do cuidado.
9. Incentivar os aspectos positivos, ou seja, a potencialidade do paciente. (Técnico de Referência)

Foram elaboradas também algumas regras a serem cumpridas pelo paciente, tais como:

1. Respeitar a autoridade do plantão.
2. Para sair será necessária a autorização do plantonista e esta será condicionada ao comportamento e circunstâncias do momento.
3. É proibido agredir pessoas.
4. Cuidar dos objetos do CAPS, preservando-os, inclusive os vidros, para evitar que o frio entre.
5. Conversar com o plantonista quando sentir necessidade; antes de ficar nervoso, pedir ajuda.
6. Somente os funcionários estão autorizados a mexer na televisão.
7. Procurar participar das atividades da permanência dia. (Técnico de Referência)

Ainda assim o paciente continuou mantendo-se exaltado, hostil, dizendo que queria morrer, enforcar-se, levar um tiro, evadindo e apedrejando as portas e janelas do CAPS e os carros dos funcionários.

Esta situação foi se agravando a cada dia. Ele não aceitava nenhum limite, colocando-se em risco, atravessando as ruas sem olhar para os lados, andando em locais perigosos (pontos de tráfico de drogas e marginalidade). A Polícia Militar era acionada para buscá-lo e ele era ameaçado pelos traficantes porque a presença dele naquele local atraía a Polícia.

Esse comportamento de risco causava preocupação no TR, conforme relato a seguir:

> Esta situação do caso do Jovem de Bárbara-Cena está ficando insustentável. Ele passou a "atuar" no serviço como fazia em sua casa e pede para ir ao hospital, um lugar diferente da casa e que lhe garanta certo apaziguamento. [...] quem vai se responsabilizar pelos danos materiais que o paciente causou? Caso ele sofra algum problema que lhe cause a morte, qual seria nossa responsabilidade? Como lidar com a família? Até quando mantê-lo no CAPS? Podemos colocar limite à sua entrada após as 19:00 horas? (Técnico de Referência)

São perguntas pertinentes, às quais nenhum profissional conseguiu responder. Mas ele, na sua busca incansável pela mãe, respondeu em ato, encontrando-a e indo morar com ela.

No dia seguinte, a diretora da escola telefonou para o CAPS informando que o paciente chegou lá mais cedo e que estava muito feliz porque tinha encontrado a família e que estava morando com a mãe, com o pai, com as irmãs e com os irmãos. Mostrou o chinelo novo que o pai havia lhe dado. Falou que nunca mais voltaria ao CAPS.

2.8. Reencontrou a família

Com essa reviravolta no tratamento do Jovem de Bárbara-Cena propiciada por ele mesmo, a equipe do CAPS decidiu, juntamente com a TR, medicá-lo em casa todos os dias de segunda a segunda, a fim de evitar desestabilização psíquica e novos episódios de agitação psicomotora e novo abandono familiar.

Porém, a situação familiar não foi favorável ao retorno do jovem, principalmente por parte da mãe, que foi no dia seguinte à Secretaria de Saúde reclamar que um conhecido o encontrou perambulando pelas ruas do bairro e o levou até a casa dela e ela continuou insistindo que não tinha condições de cuidar dele.

Com o retorno dele para casa, a mãe passou a receber uma ajuda financeira do LOAS (benefício da Lei Orgânica da Assistência Social), um programa assistencial cujo nome oficial é "Benefício de Prestação Continuada (BPC)", com objetivo de melhorar a renda familiar e assim tentar evitar o abandono do paciente. No capítulo "A construção do caso clínico e o trabalho em rede", abordarei esse ponto com mais detalhes.

No dia seguinte, o irmão levou o jovem ao CAPS e continuou com as mesmas queixas: exaltação, agressividade, dificuldade em ficar com ele em casa, pois os vizinhos já estavam reclamando que ele estava exaltado, agressivo, esmurrando portões e quebrando carros e motos na rua.

A equipe do CAPS agendou nova entrevista com a família para elaboração de um novo projeto terapêutico. A mãe ignorou o convite e foi diretamente à Promotoria de justiça argumentando que não podia ficar com o paciente em casa.

Na manhã do dia seguinte, a equipe do CAPS foi à casa dela para medicá-lo e a mãe informou que ele tinha ficado agitado durante a noite e foi levado à Unidade de Pronto Atendimento (UPA) e que, naquele momento, ele estava dormindo. Ela não permitiu o acesso da profissional ao quarto dele e, nesse dia, o paciente não foi medicado.

No dia seguinte, o Jovem de Bárbara-Cena chegou ao CAPS com a mãe e com a Polícia Militar. Ela relatou que ele apresentou agitação psicomotora na escola e em casa.

Na semana seguinte, a família levou o paciente ao Hospital Psiquiátrico com as mesmas queixas de agitação e heteroagressividade. Ele ficou internado por 09 dias. A mãe mostrou-se muito preocupada com a volta dele para sua casa, expressando muito medo dele.

Assim que o paciente recebeu alta do Hospital Psiquiátrico e voltou para casa, a equipe do CAPS voltou a fazer visitas domiciliares para medicá-lo. Inúmeras vezes encontraram o pai alcoolizado e a casa desorganizada. A família não levava o paciente às consultas agendadas e boicotava o tratamento, não dando as medicações.

> Ficava um monte de medicação em cima da geladeira, ninguém dava para ele. A casa estava muito bagunçada e suja e o paciente sozinho em casa, ele estava muito sonolento (sedado?), pedindo para ser internado (Auxiliar de Enfermagem do CAPS).

As brigas constantes entre os pais na presença do Jovem de Bárbara-Cena eram outro grave complicador, porque ele sempre entrava na briga para defender a mãe e acabava apanhando do pai, e devido à exaltação ele quebrava os móveis da casa. Durante a visita domiciliar, as auxiliares de enfermagem do CAPS presenciavam o pai alcoolizado brigando com a mãe e agredindo o paciente.

Nesse período em que o Jovem de Bárbara-Cena permaneceu em casa, os vizinhos entraram em contato com o CAPS várias vezes, dizendo que ele havia molestado uma criança de 04 anos de idade e que estava correndo risco de ser estrangulado pelos moradores; que ele estava agitado e agressivo; que foi espancado pelo irmão; que a nossa medicação não fazia efeito, porque ele continuava agressivo; que ele estava muito magro, amarelo, sem comida em casa e com o pai bebendo muito; que o irmão estava internado; e que a mãe estava muito nervosa. Pediam a internação dele num Hospital Psiquiátrico.

2.9. Quebrou os móveis de casa e foi novamente abandonado pela família

Com a família boicotando o tratamento, não dando as medicações prescritas, a fim de produzir uma situação de heteroagressividade que justificasse uma internação, ele apresentou uma agitação psicomotora e quebrou os móveis da casa. A mãe forneceu duas versões diferentes sobre o acontecido. Primeira, que ele ficou agitado porque o seu pedido para ser levado ao Hospital foi negado e, diante da negativa, ele quebrou os móveis da casa. A segunda versão é que ele estava brincando e de repente quebrou os móveis da casa, enquanto ela e as filhas mais novas foram à casa do vizinho. Por tratar-se de residência alugada, o proprietário despejou a família, que foi direcionada para o único abrigo municipal da cidade. Porém, o abrigo recusou-se a receber o paciente, pelo histórico de agitação psicomotora e destruição dos móveis naquele lugar.

Diante dessa ocorrência, o paciente foi encaminhado para o CAPS em ambulância do Corpo de Bombeiros. Chegou emagrecido, lentificado, e falou que quebrou os móveis na casa porque a mãe não quis escutá-lo. Seis meses depois, a família saiu do abrigo sem deixar endereço e sem comunicar ao CAPS, abandonando-o definitivamente no serviço.

A situação manteve-se com difícil manejo, pois ele apresentava períodos de agitação, em que era observada a insatisfação em permanecer no serviço, assim como demandava constantemente "ir pra casa". Quando frustrado em suas intenções, agitava-se e agredia a si e a terceiros.

Desde então, a equipe do CAPS buscava, no manejo com o paciente, formas de tornar menos traumática sua longa permanência em um serviço de atendimento à urgência psiquiátrica. Devido às características de seu quadro, ele tendia a uma resposta agressiva em momentos de frustração, os quais eram bastante frequentes. Por mais cuidadosa que fosse a equipe durante o manejo com ele nos momentos de tristeza por ter sido abandonado, nos momentos de exaltação e agitação, eram inevitáveis vários momentos de frustração da Responsável Técnica e da equipe diante da vulnerabilidade social e da demora em solucionar o caso de moradia e de um cuidador para o paciente.

Mesmo diante de todas as tentativas não exitosas em encontrar a mãe, o Jovem de Bárbara-Cena não cansava de pedir para ir para casa, dizendo que não aguentava mais ficar no CAPS, e pedia para ir para a escola.

Durante esse longo período em que esteve no CAPS, ele foi atendido diversas vezes na Unidade de Pronto Atendimento (UPA) por questões clínicas (febre, diarreias etc.), lesão de continuidade por causa de socos na janela de vidro, ferindo mãos e braços, necessitando de suturas e curativos. Foi atendido várias vezes pela clínica médica por questões orgânicas (verminoses, prolapso retal, dores abdominais) e pela equipe de saúde bucal (cáries e odontalgias). Foi contido física e quimicamente inúmeras vezes, devido a agitação psicomotora, exaltação, auto e heteroagressividade.

Diariamente, apresentava-se agressivo, hostil, discutia e brigava com os pacientes, alternando momentos de euforia, cantigas, imitava a fala e o andar dos pacientes e dos profissionais. Perdia seus pertences, boné, chinelos, roupas novas que ganhava dos profissionais do CAPS.

Foi abusado sexualmente por moradores de rua, contou detalhes do acontecido. Fez uso de retroviral por duas vezes durante esses 08 anos de CAPS. Uma vez, chegou da rua dizendo que ia embora do CAPS, porque encontrou uma casa para morar. Falou que era uma casa abandonada numa avenida próxima do CAPS. Falou que iria morar lá, comprar as coisas com o dinheiro que ia ganhar lavando carros (ele já havia mencionado que o irmão tinha um lava-jato na casa dele).

2.10. A casa lar da Assistência Social

Depois de quatro anos de abandono familiar e Tratamento Intensivo no CAPS, ele foi encaminhado para morar numa casa indicada pela Assistência Social. A casa foi criada para atender pessoas com deficiência mental e transtorno do espectro do autismo.

Nos primeiros dias na casa, o paciente apresentou inadequação, ameaçou as cuidadoras com uma faca que pegou na cozinha, tentou evadir, apresentou difícil manejo e abordagem. As cuidadoras relataram a diferença de comportamento dele em relação aos outros moradores da casa (autistas).

Dois meses depois, o Jovem de Bárbara-Cena, em resposta a uma frustração, quando pediu para sair e não foi autorizado, iniciou episódio de agitação psicomotora e quebrou os móveis da casa. Foi recusado seu retorno à casa e ele foi encaminhado de volta ao CAPS.

2.11. A Volta ao CAPS

Depois de apresentar agitação psicomotora e quebrar os móveis da casa que a Assistência Social indicou, o paciente voltou a ficar em Tratamento Intensivo no CAPS. Voltou também às reuniões de matriciamento devido à gravidade, complexidade e particularidade do caso.

Enquanto isso, o Jovem de Bárbara-Cena voltou também ao ciclo de agitação psicomotora, auto e heteroagressividade e contenções física e medicamentosa. Desferindo socos nas janelas de vidros e ferindo as mãos, batendo a cabeça na parede e engolindo chaves, brincos, clips, o paciente teve vários encaminhamentos para a Unidade de Pronto Atendimento (UPA), devido a leões de continuidade ou processos infecciosos. Voltaram também as evasões, retornando com a Polícia Militar ou com o SAMU. Numa dessas evasões, foi encontrado em outro município, pulando na frente dos carros, com risco iminente de ser atropelado. Incontáveis vezes ele chegou com os olhos vermelhos e dizia que tinha usado droga ou ingerido bebida alcoólica.

Praticava pequenos roubos em supermercados e no comércio no entorno do CAPS (brinquedos, chinelos, biscoitos etc.). Mantinha risos imotivados, solilóquios, xingamentos, palavrões e agressões aos funcionários quando não era atendido em suas demandas (de sair do CAPS, de alimentos que não tinha no serviço etc.).

O paciente falava que queria virar mendigo e morar na rua, porque não queria ficar preso no CAPS.

2.12. Reaparecimento da mãe

A mãe foi localizada pelo Técnico de Referência por meio do Prontuário Eletrônico do Paciente (PEP)[15] que fez

15 O Prontuário Eletrônico do Paciente (PEP) é um modelo de prontuário médico digital padronizado onde são sistematizadas todas as informações inerentes ao paciente (nome, data de nascimento, filiação, endereço completo etc.) e todos os atendimentos pela equipe multidisciplinar.

uma visita domiciliar e comunicou a ela que foi aprovado o benefício do BPC.

> Mostra-se receptiva principalmente quando lhe informo que o benefício saiu e está condicionado ao retorno do paciente para casa. Ela concorda em fornecer seu telefone para manter o contato mais facilitado e acordamos a permanência diária do paciente em sua casa e o acolhimento noturno no CAPS. (Técnica de Referência)

Geralmente, os pacientes ficam durante o dia no CAPS e pernoitam em casa; nesse caso, a Técnica de Referência propôs essa inversão no Projeto Terapêutico Singular, a fim de proporcionar maior contato com a família durante o dia, visando à reinserção social na família e na comunidade e à garantia da medicação e certa contenção durante a noite no CAPS.

Catorze dias de convivência com a família foram suficientes para novo ciclo de agitação e quebradeira em casa, conforme relato da auxiliar de enfermagem que foi buscá-lo à tarde para pernoitar no CAPS:

> O paciente foi passar o dia na casa da mãe conforme acordo entre a família e sua referência. Hoje à tarde ao chegar para buscá-lo para pernoitar no CAPS, presenciei uma grande quebradeira na casa, quebrou todos os vidros, televisão, geladeira, armário, etc. Havia alvoroço em toda vizinhança, segundo a mãe isso ocorreu porque ele insistia em ligar o ventilador com arame na rede elétrica e ao ser impedido fez intensa agitação e agressividade. (Auxiliar de Enfermagem do CAPS)

No dia seguinte, o irmão do paciente foi ao CAPS pela manhã contando o ocorrido na casa dele:

> O irmão vem logo cedo e relata que ontem ele quebrou porta, janela, vidros e vários objetos (TV, armário, geladeira, descarga de água). Relata não querer a presença dele em casa [...] fala que agora eles vão sumir e o paciente não vai encontrá-los (Plantonista do CAPS)

Sobre o ocorrido na casa, ele falou apenas que quebrou a geladeira e, quando foi perguntado o motivo, disse que ficou nervoso e sorriu sem esboçar nenhuma crítica quanto a esse comportamento. Em seguida, pediu para voltar para casa, como se nada tivesse acontecido. Recebeu medicação extra com sedativo para fazer uma contenção química, uma vez que havia risco de evasão e agitação psicomotora.

No dia seguinte, a mãe do paciente telefonou para o CAPS ameaçando chamar a polícia se o filho fosse levado para casa novamente: "Se vocês se atreverem a trazê-lo aqui eu chamo a polícia e aí vocês vão ver".

O paciente foi inserido em Atenção Contínua novamente, apresentando-se choroso, tristonho, demandando atendimento. No consultório, relatava que sentia saudades do pai e da mãe dele.

A família percebeu que era localizada facilmente pelo endereço que fornecia no prontuário eletrônico, com isso a mãe mudou-se de município e novamente abandonou o paciente. Diante desse novo abandono, ele iniciou novo ciclo de APM, auto e heteroagressividade, impulsividade, evasões, retornando com a polícia ou SAMU, jogando-se em frente dos carros, porém, agora bem mais choroso e mais triste. Disse que queria matar a mãe ao mesmo tempo que falava que sentia saudades dela. Queixa-se para o Auxiliar de Enfermagem que "as vozes não o deixavam em paz e nem para dormir".

Podemos confirmar com este relato a revelação pelo próprio paciente de um fenômeno elementar da esquizofrenia, a alucinação auditiva. Porém, o diagnóstico fechado de Retardo Mental não permitiu aos profissionais valorizar tais sintomas como psicóticos.

2.13. Mudança do Técnico de Referência

O autor assume o caso e o referencial teórico passa a ser a psicanálise de orientação lacaniana.

A minha recém-chegada ao CAPS da Região Metropolitana de Belo Horizonte coincidiu com um impasse na relação transferencial do Técnico de Referência com o paciente que, de acordo com o relato dele a seguir, desliga-se do caso:

> O paciente pegou uma sacola de alimentos (frutas) de minha mão e na tentativa de jogá-la pelo muro, as frutas acabaram caindo por todo no chão. Faço abordagem, questionando ao paciente o motivo de tal ato, mas ele manteve-se em silêncio. Aproveitando o acontecimento e como já estávamos discutindo o caso com outro profissional do serviço para assumir a referência técnica do paciente, marco esse acontecimento lhe informando que devido ao ato desrespeitoso, não mais o atenderei. (Técnico de Referência)

Nesse momento, fui convidado a assumir o caso. Meses depois, o CAPS começou a receber alunos do curso de psicologia para estagiarem na função de Acompanhante Terapêutico (AT), os quais acompanharam o paciente e contribuíram na construção desse caso clínico.

No próximo capítulo, abordarei o segundo momento do tratamento e a construção do caso clínico, detalhando os norteadores clínicos utilizados.

3. O CASO DO JOVEM DE BÁRBARA-CENA: UMA CONSTRUÇÃO CLÍNICA

Norteadores clínicos: diagnóstico, transferência, secretariado.

Este capítulo tem como objetivo formalizar a construção do caso clínico e a direção do tratamento do caso desse Jovem de Bárbara-Cena, utilizando os norteadores clínicos: diagnóstico, transferência e a função de secretariar o psicótico.

Os conceitos de diagnóstico e de transferência foram desenvolvidos por Freud a partir da clínica da histeria, conforme relatado no primeiro capítulo, quando formalmente a psicanálise ainda não existia. Observamos que, desde o início de sua obra, Freud destacou a importância do diagnóstico para determinar a direção do tratamento.

Com a releitura da Obra freudiana, Lacan formulou e conceituou "o inconsciente estruturado como uma linguagem" (LACAN, 1946/1988, p. 194). Representando o sujeito como um significante representado por outro significante, advindo do campo do Outro, reconhecido por Lacan como "O lugar em que se situa a cadeia do significante que comanda tudo que vai poder presentificar-se do sujeito, é o campo desse vivo, chamado à subjetividade, que se manifesta essencialmente a pulsão" (LACAN, 1988, p. 193).

Nesse momento de seu ensino, Lacan privilegiou a constituição do ser falante e a resposta do sujeito ao Outro materno em termos de desejo e gozo, determinando o posicionamento do sujeito no discurso.

Lacan resgatou o estatuto do pai simbólico, nomeando o Nome-do-Pai para indicar a estrutura do sujeito classificada no campo da neurose, psicose ou perversão. Na neurose, ocorreu a inscrição do Nome-do-Pai, a linguagem é organizada por esse significante que promove um deslizamento metafórico e metonímico, enquanto na psicose não há a inscrição desse significante Nome-do-Pai (foraclusão) e não há o deslizamento da cadeia de significantes, ocorrendo a holófrase (colagem do S1S2).

O terceiro norteador clínico é a condução do tratamento a partir da posição do analista de secretariado. A função do analista enquanto secretário do alienado é específica na obra de Lacan, que expressa a posição ética e a função do analista na clínica da psicose.

Sem pretensão de esgotar os conceitos aqui citados, objetiva-se, neste capítulo, extrair a dimensão singular desse sujeito psicótico, que se apresenta inicialmente como um sujeito retardado, disártrico, que responde, nos momentos de frustração, com tapas, pontapés e socos, comportamento justificado por alguns profissionais como uma forma reativa, inerente ao quadro de retardo mental.

Lacan destacou no seminário sobre "Os quatro conceitos fundamentais da psicanálise" (1964) que toda teoria da transferência está intimamente ligada ao desejo do analista. Nesse sentido, o analista sustentou a expressão da agitação psicomotora, a auto e heteroagressividade do paciente, em um sentido mais amplo e na direção da própria constituição do sujeito, que o subordinou a um quadro de agressividade sem limites.

Assumi a Referência Técnica, ciente da gravidade do caso e de que a não efetividade das intervenções levou a instituição ao seu limite, promovendo um sentimento de frustração aos primeiros Técnicos de Referência do caso e a decisão de afastamento da Assistência Social, por avaliarem que não tinham mais nada a fazer.

Diante desse campo minado, entre tensões e desdobramentos políticos e sociais, reservei um tempo para ouvir o que o Jovem de Bárbara-Cena tinha a dizer, portanto, fazer clínica, que, segundo Viganó, "é ensinamento que se faz no leito, diante do corpo do paciente, com a presença do sujeito" (VIGANÓ, 1999, p. 40). O paciente demandava falar e foi acolhido pela escuta, seguindo a recomendação de Lacan: "sustentamos que convém escutar aquele que fala" (LACAN, 1955-1956/1998, p. 581). Nesse sentido, Viganó também advertiu:

> Não discutir com ele, não falar com ele é uma forma de excluí-lo. Mas também ficar com ele sem o discurso é uma forma de exclusão e de segregação. Noutros termos, a segregação, que se pode criar com as aberturas dos manicômios, é criar outros lugares onde se faz barulho sem falar (VIGANÓ, 1999, p. 38).

Diante do desafio e da complexidade do caso, coloquei-me a trabalho operando com a metodologia da construção do caso clínico, conduzido pela psicanálise de orientação lacaniana numa articulação com a Saúde Mental.

Esse caso mostrou que é possível construir o caso clínico orientado pela psicanálise lacaniana priorizando a escuta da singularidade do sujeito em um serviço público de saúde mental, mesmo com um contexto de grande vulnerabilidade social. Nesse sentido, Viganó (1999) apresenta como caso social aquele dentro da lógica dos instrumentos jurídicos e assistenciais. Segundo esse autor, o caso social é o discurso do puro significante e é coordenado pelos operadores, enquanto o caso clínico, que não exclui o caso social, é conduzido pelo próprio paciente, sendo ele o protagonista de seu tratamento acompanhado pelo operador.

No caso do Jovem de Bárbara-Cena, o caso clínico foi articulado com o caso social durante a direção do tratamento. Compreendemos que o movimento social da reforma psiquiátrica tem-se apresentado com maior maturidade teórica e política, apesar de observarmos, como no caso clínico em questão, uma forte tendência assistencialista, pautada num rigoroso protocolo sanitarista, tendo como única opção na direção do tratamento a reintegração do paciente à sua família, sem levar em conta o que ele representa para a família e vice-versa. No contexto do caso, sem buscar a causa do medo que a mãe tinha do filho, desconhecendo que a mãe carrega uma profecia de morte "ou ele, ou eu", ficava impossível engendrar uma outra solução: a de possibilitar ao sujeito uma invenção do seu lugar no mundo.

Podemos dividir o tratamento e a construção do caso em duas etapas, com fases distintas:

1. Diagnóstico de Retardo Mental sistematizado na Classificação Internacional de Doenças e Problemas Relacionados à Saúde (CID), pautado na Teoria Cognitiva Comportamental. O paciente morando com a família e fazendo acompanhamento clínico e psicoterápico no Centro de Saúde e no CAPS em caso de agitação psicomotora. Depois do abandono familiar, o tratamento foi pautado em procurar a mãe para propiciar o retorno do paciente para a casa da família.
2. Diagnóstico de Esquizofrenia, pautado na psicanálise de orientação lacaniana, desistência de encontrar a mãe e providenciar um local para o paciente morar, visando à possibilidade de ele estabelecer relações de convívio e amparo social.

Ao iniciar a condução do caso assumindo a referência técnica, prevaleceu a vertente assistencialista, com participação em reuniões de matriciamento, supervisões clínicas, elaboração e atualização de Projeto Terapêutico Singular, procedimentos institucionais na busca de uma solução em relação à moradia. Entretanto, na segunda fase, o diagnóstico foi repensado segundo os preceitos da psicanálise de orientação lacaniana e reconhecendo-se o Jovem de Bárbara-Cena como um ser falante que tinha algo a dizer, além do abandono familiar.

3.1. Meu encontro com o Jovem de Bárbara-Cena

O Jovem de Bárbara-Cena chamava a atenção de todos pelo seu comportamento ora agressivo e exaltado, ora engraçado e divertido. Ele repetia o jeito de falar e de andar de pacientes e funcionários, cantava e simulava segurar um microfone nas mãos.

O comportamento dele tinha algo de imprevisível: em questão de minutos, intercalava sorrisos, cantos, choros e agressões. O inesperado sempre advinha, motivo de várias contenções físicas e químicas, conforme relatado no capítulo anterior. Muitas vezes o paciente envolvido na situação também era contido e medicado.

Nos conflitos com outros pacientes, ele geralmente gritava e se impunha com o corpo, dava socos, principalmente no nariz. Chegou a quebrar o nariz de uma paciente, que precisou ficar internada. Em uma ocasião, sentei-me ao lado dele, em um banco do pátio, e enquanto conversava ele levantou o braço direito com a mão fechada direcionada para o meu rosto, especificamente para o meu nariz. Fiquei atento para me desvencilhar do soco se fosse necessário, continuei sentado, olhando para ele, e perguntei: "por que você está com o braço levantado?". Ele não respondeu nada, desfez a posição de soco, abaixou o braço e continuamos conversando. E eu respirei fundo e aliviado por ter desarmado – com o recurso da palavra – uma construção imaginária que estava em ação.

Desconhecia, até então, a história familiar e a trama subjetiva que o envolvia. Tinha conhecimento apenas dos episódios de repetição da heteroagressividade.

Em relação ao conceito de repetição, Freud em sua "Comunicação Preliminar" (1893) frisou a importância desse conceito em sua abordagem na clínica da histeria, ao relatar que a rememoração de um sofrimento estava ligada a um trauma na infância. Em 1914, no texto "Recordar, Repetir, Elaborar", o conceito ganhou autonomia, relacionado ao conceito de transferência.

Desde esse momento, Freud direciona a sua escuta para esse novo mecanismo que passa ser um norteador clínico:

> Logo percebemos que a transferência é, ela própria, apenas um fragmento da repetição e que a repetição é uma transferência do passado esquecido, não apenas para o médico, mas também para todos os outros aspectos da situação atual. [...] quanto maior a resistência, mais extensivamente a atuação (*acting out*) (repetição). (FREUD, 1914, p. 197)

Freud, em suas reflexões, relatou que, mesmo não constituindo a transferência em sua totalidade, a repetição era uma maneira de reminiscência. Somente em 1920, no artigo "Mais além do Princípio de Prazer", Freud relacionou o conceito de repetição a uma compulsão que obriga o sujeito a reproduzir atos que em sua origem foram geradores de sofrimento.

Na releitura da obra freudiana, Lacan inclui o conceito de repetição como um dos "Quatros Conceitos Fundamentais da Psicanálise" (1964/1988). Segundo Lacan; "A repetição aparece primeiro numa forma que não é clara, que não é espontânea, como uma reprodução, ou uma presentificação, em ato" (LACAN, 1988, p. 52).

Lacan adverte para não confundir a repetição com a reprodução, a recordação ou com o retorno dos signos.

> Assim, não há como confundir a repetição nem com o retorno dos signos, nem com a reprodução, ou a modulação pela conduta de uma espécie de rememoração agida. A repetição é algo que, em sua verdadeira natureza, está sempre velado na análise, por causa da identificação da repetição com a transferência na conceitualização dos analistas. Ora, é mesmo este o ponto a que se deve dar distinção. (LACAN, 1988, p. 56)

Nesse sentido, Roudinesco e Plon (1998) relatam que Lacan

> Observou que a repetição inconsciente nunca é uma repetição no sentido habitual de reprodução do idêntico: a reprodução é o movimento, ou melhor, a pulsação que subjaz à busca de um objeto, de uma coisa (*das Ding*) sempre situada além desta ou daquela coisa particular e, por isso mesmo, impossível de atingir. (ROUDINESCO; PLON, 1998, p. 658)

No "Seminário 10: a angústia" (1963/2005), Lacan introduz o conceito de passagem ao ato no campo da psicanálise:

> a passagem ao ato está do lado do sujeito na medida em que este aparece apagado ao máximo pela barra. O momento da passagem ao ato é o do embaraço maior do sujeito, com acréscimo comportamental da emoção como distúrbio do movimento. É então que, do lugar em que se encontra – ou seja, do lugar da cena em que, como sujeito fundamentalmente historizado, só ele pode manter-se em seu *status* de sujeito – ele se precipita e despenca fora da cena (LACAN, 1963/2005).

Nesse sentido, a minha primeira atitude enquanto Técnico de Referência do caso foi observar a relação do Jovem de Bárbara-Cena com cada profissional, com os pacientes, como ele reivindicava suas demandas, enfim, como ele se posicionava na vida nos diferentes momentos do dia e como reagia em momentos de frustração, de festa e de agitação. Procurava encontrar um ponto de injunção que desencadeava as agressões. Encontrar esse ponto foi muito difícil por dois motivos: primeiro, porque eu não estava na cena; e, segundo, porque o outro envolvido (paciente ou profissional) entrou na cena a partir de um ponto de sua história pessoal.

Na interação com os pacientes e com alguns profissionais, ele não se fazia entender, usava uma fala empobrecida, algo disártrico, que dificultava o entendimento de suas questões e demandas, o que o deixava irritado e frustrado, mas em outros momentos sorria com ar zombeteiro.

Contudo, foi possível observar que não faltava ocasião na qual falava claramente e com desenvoltura, fazia suas demandas e queixas com consistência e objetividade. Relatava situações específicas com clareza, denunciava pontos de fugas existentes no espaço institucional, e apontava erros dos profissionais do serviço. E, finalmente, o fundamental registro: quando ele estava sozinho apresentava solilóquios, risos imotivados, conversava com alguém no real. Diante da roupagem de retardo mental usada por ele e a forte influência do CID 10, associado ao assistencialismo, e à teoria que embasava o tratamento, tornava-se impossível observar o delírio e a alucinação constituída na agitação psicomotora e na auto e heteroagressividade, sintomas comuns da esquizofrenia.

Com o tempo, foi possível colher os pontos de repetições, as relações dele com o outro (semelhante) "retardado" e com o Outro tirânico, facilitando pensar o lugar que o Técnico de Referência ocuparia na relação transferencial. Esse foi um momento importante na condução do tratamento, quando se revelaram os dois primeiros norteadores clínicos: o diagnóstico e a transferência.

Nesse momento, a supervisão[16] centrada no caso e no seu manejo clínico foi necessária. Movido pelo interesse em definir um diagnóstico para o Jovem de Bárbara-Cena, publiquei um breve artigo, que atendeu a dois objetivos: definir um diagnóstico para esse jovem, de acordo com a psicanálise de orientação lacaniana, e demonstrar que é possível, por meio da construção do caso clínico, atender os casos graves num serviço público de Saúde Mental (SILVA, 2016). Considero que esse artigo foi um primeiro ensaio para a escrita deste livro.

3.2. Primeiro norteador clínico: o diagnóstico

O Jovem de Bárbara-Cena chegou ao CAPS com diagnóstico de Retardo Mental, de acordo com a Classificação Estatística Internacional de Doenças e Problemas Relacionados à Saúde (F 71.1 – CID 10), que perdurou por muitos anos, apesar de ser questionado algumas vezes, conforme pesquisa realizada em prontuários sobre: transtornos globais do desenvolvimento (F 84), Autismo infantil (F 84.0), psicose não orgânica não especificada (F 29 – que reúne os transtornos delirantes próprios da esquizofrenia). Todos os diagnósticos foram baseados no CID 10, fundamentado na teoria biologicista, que prioriza a descrição dos sintomas de forma objetiva, não considerando a singularidade do sujeito e sua relação com a linguagem e com o Outro.

16 Supervisão é considerada como um dos pilares da formação do psicanalista, junto à análise pessoal e aos estudos teóricos da Psicanálise. Esses três itens formam o chamado tripé da transmissão psicanalítica.

Em relação ao diagnóstico de Retardo Mental (que imperou por muitos anos para o paciente), vários autores, entre eles Mannoni (1964), Bruno (1986), Vorcaro (1999), Kaufmanner (2003), Santiago (2005), Rosa (2011), Couto (2012) e muitos outros, introduziram o estudo do retardo mental tanto na teoria quanto na prática, visando não somente a um diagnóstico psicanalítico, mas também a uma posição subjetiva do sujeito "retardado" ou portador de debilidade mental, mas foi Mannoni (1964) que introduziu, pela primeira vez, o retardo mental no estatuto de sujeito. Afirmou que o importante não é o nível do quociente de inteligência e que não se deve localizar a noção de inteligência no plano da eficiência, já que a pedagogia com a reeducação não faz do débil mais inteligente. Ao resgatar a dimensão de sujeito, Mannoni libertou-o do diagnóstico, do prognóstico médico e de um déficit orgânico, abrindo perspectiva para uma nova abordagem antes tida como inviável à escuta e ao tratamento psicanalítico. Mannoni, ao reconhecer a debilidade mental como uma psicose, suscitou críticas por parte de outros autores, que defendem que na debilidade não ocorre a foraclusão do Nome-do-Pai, condição *sine qua non* para o surgimento da psicose (BRUNO, 1986).

De acordo com Santiago (2005):

> Mannoni busca o sentido da emergência da debilidade para cada sujeito, sem desconhecer, contudo, a origem orgânica desse quadro. Assim, recusa-se a fundar sua prática clínica com crianças débeis na diferença orgânica, psicogenética ou simplesmente psicológica, para fazer incluir o fator da linguagem sobre esses sujeitos, no decurso do tratamento. (SANTIAGO, 2005, p. 155)

Nesse sentido, Vorcaro (1999) marcou a diferença entre a Psicose e a Debilidade Mental. Assinalou a diferença entre a relação do Outro para a psicose e a do Outro para a debilidade. Segundo a autora, na psicose,

> A criança fica colada ao mandato em que ela é o que falta no Outro. Encarnando essa falta, ela preenche o intervalo entre significantes, na mesma função de qualquer significante: remete-se a outro significante. Na solidez em que a cadeia significante primitiva é apanhada, a abertura dialética está impedida, e o significante representa outro significante num deslizamento infinito (VORCARO, 1999, p. 36).

Enquanto na debilidade mental, diferentemente da psicose, a autora preconizou que:

> A criança não encarna a falta do grande Outro, porque a ele nada faltaria. Na debilidade, o objeto a permanece incluído no Outro não barrado. A mobilidade significante fica detida, a ponto de a criança aferrar-se a uma relação sígnica entre significantes, sem deslizamento, já que o Outro não está barrado por um saber que lhe faltaria (VORCARO, 1999, p. 38).

Na Obra de Freud, não encontramos uma teorização específica sobre o Retardo Mental devido a uma etiologia orgânica, por provavelmente não preencher uma categoria clínica como as neuroses e as psicoses.

Seguindo o mesmo critério clínico usado por Freud na análise dos sintomas, Santiago (2005) descreve os tratamentos de crianças débeis, em que a parcela deficitária dificilmente poderia ser refutada, tal como a epilepsia:

> A conduta freudiana diante da hipótese de um déficit orgânico é a de partir do fator propriamente constitucional e subtrair-lhe progressivamente a importância, na medida em que, por meio da análise, se evidenciam outros processos psíquicos mais relevantes na determinação da patologia (SANTIAGO, 2005, p. 155).

No retorno a Freud, Lacan privilegia a constituição do sujeito e sua relação com o Outro e a incidência da linguagem, deslocando a questão do Retardo Mental até então identificado a um deficiente para outro lugar determinado pelo inconsciente. A clínica psicanalítica está estruturada na busca de sentido da debilidade mental para cada sujeito, na singularidade e não na universalidade, sem menosprezar ou desconhecer, contudo, uma etiologia orgânica na origem desse quadro clínico. É na recusa de fundamentar a prática clínica no comprometimento orgânico que a psicanálise faz incluir o fator da incidência da linguagem sobre esses sujeitos, liberando para cada um a significação da debilidade mental em sua história, privilegiando que o discurso do sujeito possibilite algo novo nessa colagem S1S2, que Lacan teorizou como holófrase.

A partir da relação que se estabelece entre os significantes primordiais S1 e S2 é que ocorre a construção do saber. Na alienação, acontece o aparecimento do significante advindo do campo do Outro, onde o SER e o SENTIDO encontram-se reunidos. No processo de separação, ocorre a divisão entre o SER (Sujeito) e o não ser (Outro). Lacan aposta numa proximidade entre debilidade e psicose quando reconhece a holófrase no S1, mas postula que a debilidade não é uma estrutura, podendo ser uma roupagem que oculta qualquer estrutura, seja ela psicótica, perversa ou neurótica.

Diante do exposto, a escuta e a resposta do Jovem de Bárbara-Cena ao Outro materno, bem como os elementos que marcaram a história de sua vida, foram privilegiadas para definir o diagnóstico e a direção do tratamento, extraindo algo de singular desse sujeito que desde o nascimento vivenciou bárbaras cenas.

3.3. Mito de origem

Entre cantigas dos cantores sertanejos Rick e Renner, solilóquios, risos imotivados, subindo e descendo da balança do consultório e os ditos dos outros pacientes, eclodia algo do ser falante numa tentativa de se mostrar vivo ao olhar do outro.

O paciente falou uma única vez de uma bárbara cena violenta que presenciou diversas vezes em casa, do pai agredindo a mãe e ele entrando na briga em defesa dela. Durante a narrativa, levantou-se da cadeira do consultório e aumentou a voz, gritou e se exaltou com um personagem imaginário. Sua fisionomia alternou entre a raiva e um choro ruidoso. No início fiquei apreensivo, mas consegui ficar em silêncio e testemunhar todo o seu relato e cena.

Ele olhou para mim de relance, sustentei esse olhar. Afinal, ele olhou para o analista que, segundo Lacan, é aquele que "dirige o tratamento [...] e não deve de modo algum dirigir o paciente" (LACAN, 1966/1998, p. 592), aquele que paga "com sua pessoa, na medida em que, haja o que houver, ele a empresta como suporte aos fenômenos singulares que a análise descobriu na transferência" (LACAN, 1998, p. 593).

O paciente voltou o olhar para a frente, colocou-se em posição de ataque, chutou e socou o ar, xingou, gritou, esbravejou frase sem sentido, agredindo o seu personagem imaginário. Girou o corpo e curvou-se, mudou de personagem, contorceu-se de dor, colocou as mãos na barriga, chorou alto e pediu para parar, esticando o braço com a mão aberta, em posição de suplício. Girou novamente o corpo, mudou de personagem, novamente em posição de ataque, deu socos. Parou de se movimentar ofegante, ficou cansado, sentou-se novamente, olhou para mim e falou alto e em bom tom, com o dedo em riste: "Dei um soco no pau do nariz dele e chamei a polícia". Posiciono-me, modalizando a voz, falei baixo e pausadamente: "Você fez o certo, chamou a polícia para acabar com a briga". Ele abriu a porta do consultório e saiu. Assim se deu a entrada do analista, o estabelecimento da transferência e o esclarecimento da origem da repetição e das passagens ao ato.

O conceito de agressividade em Lacan, no texto "Agressividade em Psicanálise" (1966/1998), demonstra que quando a criança, na mais tenra idade, presencia atos violentos entre os pais e a presença de um pai privador,

> Essa agressividade se exerce, é claro, em meio a restrições reais. Mas sabemos por experiência que ela é não menos eficaz pela via da expressividade: um genitor severo intimida pela simples presença, e basta que seja brandida a imagem do punidor para que a criança a forme. Ela tem repercussões mais amplas do que qualquer sevícia (LACAN, 1988, p. 107).

Lacan (1988) continuou lançando luz na questão da agressividade, dizendo que somente a psicanálise foi capaz de revelar os motivos dos comportamentos violentos e desmedidos, por que ela foi na origem da formação das imagens que constituem em seu cerne a chamada imago de onde a forma adulta emerge:

> São as imagens de castração, emasculação, mutilação, desmembramento, desagregação, eventração, devoração, explosão do corpo, em suma, as imagens que

agrupei pessoalmente sob a rubrica, que de fato parece estrutural, de imagos de corpo despedaçado (LACAN, 1988, p. 107).

O Jovem de Bárbara-Cena relatou um pouco mais de sua história de vida. Falou da cena de quando era bebê e mamava nos seio da mãe, misturada com cenas da infância e da fase adulta: "Eu mamava no peito da mãe e comia mingau de milho. O pai bebia e pegou a mãe pelo pescoço e enforcou ela, a polícia prendeu ele. Eu dei um soco no pau do nariz dele e quebrei os móveis da casa" (Relato do paciente em um atendimento).

Assim, o Jovem de Bárbara-Cena representou o lugar de cada um na cena familiar, apresentou imagens soltas de um sujeito preso no desejo materno, sem o Nome-do-Pai para fazer um enigma, para fazer um ponto de basta, deixando o filho reinar sozinho nesse lugar de puro gozo materno, de puras bárbaras cenas.

A entrada do analista pela via transferencial proporcionou ao paciente falar sobre o conflito "edipiano", que não se realizou em contento, sugerindo uma foraclusão do Nome-do-Pai.

Observamos, com Lacan, em sua releitura do Édipo freudiano, um novo ordenamento do conceito situando-o no campo da linguagem e considerando-o como uma estrutura, um sistema de relações, em que o mais importante é a posição que tomaram os elementos constituintes do complexo (pai, mãe, filho e falo).

Lacan, com o recurso da linguística de Saussure e a teoria de Lévi-Strauss, postulou que a universalidade do Édipo é a universalidade simbólica (SALES, 2008). Lacan resgatou o estatuto simbólico do Pai – o Nome-do-Pai – na estruturação do sujeito e preconizou que a linguagem é organizada pelo significante Nome-do-Pai e quando não há inscrição desse significante ocorre a foraclusão (não inscrição) do Nome-do-Pai.

Portanto, podemos dizer, com Lacan, que nesse paciente esse processo de inscrição do Nome-do-Pai não ocorreu a contento, provocando a desestruturação imaginária, paradigmática da psicose, quando a criança não é introduzida no universo da linguagem, só lhe restando reinar sem nenhum posicionamento subjetivo que particularizou o seu discurso (LACAN, 1998). Lacan, em seu texto "De uma questão preliminar a todo tratamento possível da psicose" (1998), relata que:

> É num acidente desse registro e do que nele se realiza, a saber, na foraclusão do Nome-do-Pai no lugar do Outro, e no fracasso da metáfora paterna, que apontamos a falha que confere à psicose sua condição essencial, com a estrutura que a separa da neurose (LACAN, 1998, p. 582).

Um fato importante a destacar no curso do tratamento foi que, na medida em que contava a sua história, o paciente passou a chamar o analista de pai, o que foi fortalecido pela equipe do CAPS que também se referia ao analista como "o pai do Jovem de Bárbara-Cena". Instalando, assim, de forma peculiar, um lugar para o analista. Ocupar esse lugar na transferência desse paciente foi consentir que ele assim me chamasse, no sentido de não questionar ou confrontar com essa nomeação atribuída por ele, mas isso tinha como condição estar atento à recomendação de Lacan de não encarnar o lugar do Outro tirânico ou gozador. Ocupava o lugar de um Outro não tirânico, o "pai" que propiciava o surgimento das singularidades de um sujeito, secretariava-o, atento para não tocar num ponto de injunção onde ele respondia com o corpo, não o fazer reviver a cena familiar em ato. Lacan adverte-nos quanto ao uso da técnica:

> O que procuramos evitar, através de nossa técnica, é que a intenção agressiva no paciente encontre o apoio de uma idéia atual de nossa pessoa, suficientemente elaborada para que possa organizar-se nas reações de oposição, denegação, ostentação e mentira que nossa experiência nos demonstra serem os modos característicos da instância do eu no diálogo (LACAN, 1988, p. 111).

As agitações psicomotoras, a auto e heteroagressividade continuaram em menores proporções. As contenções físicas e químicas também foram diminuindo, bem como as medicações antipsicóticas. À medida que o jovem conseguia precariamente lidar com o desejo e com o gozo do Outro, ensinava-me a manejar a transferência.

3.4. Segundo norteador clínico: a transferência

A relação transferencial instalou-se nos primeiros encontros com o Jovem de Bárbara-Cena, conforme relatado acima. Desde o primeiro encontro ele se mostrou interessado em conversar, queria saber de minha vida, onde eu morava, se eu tinha carro ou moto, e rapidamente passou a me chamar de pai. Dessa forma, apresentou-se para mim o segundo norteador clínico: a transferência. Transferência que na psicose pode se apresentar na erotomania e na vertente persecutória, mesclando docilidade e agressividade, os impasses na direção do tratamento.

Nos momentos de impulsividade e passagens ao ato (chutar portas, socar vidros, auto e heteroagressividade), apresentaram-se dificuldades no manejo transferencial, mas também foram as únicas vias de acesso à trama subjetiva do paciente.

O Jovem de Bárbara-Cena fazia um apelo à agressividade do outro, ameaçava com o dedo em riste dizendo "vou dar um soco no pau do seu nariz", e não raro ele agredia e era agredido, às vezes, ele mesmo socava o próprio nariz até sangrar. Retrato de uma repetição sem fim, sem um ponto de basta.

Quando em contato com algumas pessoas, quer fossem pacientes, quer profissionais ou desconhecidos, ele utilizava uma roupagem de "retardado" como forma de criar laço social. Segundo Quinet (2006), os psicóticos, mesmo fora-do-discurso, tentam se inserir no laço social: "Se eles estão fora-do-discurso e, portanto, fora do laço social por estrutura, isto não quer dizer que jamais entrem em relação com um outro sujeito dentro do marco de um dos discursos?" (QUINET, 2006, p. 9).

Em todas as situações, eu o questionava, perguntando o porquê das coisas que ele fazia. No início, ele só me olhava e saía de perto. Insistia em perguntar-lhe até ele conseguir dizer algo a respeito. Revelando que estava nervoso, que estava com raiva, ou, até mesmo, que não sabia por que havia feito isso ou aquilo. Essas últimas respostas eram um convite a um enigma regulado, ou seja, que não o devastava ou o deixava em estado de perplexidade, mas sim o convidava a falar, endereçando ao analista seus casos e entraves cotidianos com os colegas.

Umas duas vezes ele me pediu para ser contido no leito, segurei-o pelo braço e levei-o para a contenção. Ele assustou-se, olhou para mim e falou: "estou brincando, sô!". Entretanto, surpreendo-o, quando respondi com firmeza que estava fazendo o que ele havia pedido. Os funcionários não entenderam o que se passava e eu repeti na frente deles que estava fazendo o que ele havia pedido. Repeti esse ato duas ou três vezes, o que foi suficiente para ele não pedir mais para ser contido e passou a pedir outras coisas, como: casa, namorada, beijo na boca, paçoca etc.

Em outro episódio importante, perguntei por que ele pulava o muro para sair. Respondeu coerentemente: "uai, porque o porteiro não me deixa sair, sô". Assim, fui construindo o caso clínico com participação efetiva dele. Foi autorizado a sair pela porta da frente, levando o cartão de liberado igual aos usuários do CAPS que entregavam esse cartão ao porteiro. Passou a voltar sozinho, sem precisar pular na frente dos carros para mobilizar a Polícia ou o SAMU a fim de trazê-lo de volta ao CAPS.

A partir dessa intervenção, a condução do caso estabeleceu-se pela via da conversa sobre o cotidiano. Ele passou a me contar de suas andanças pelas ruas. Repetia, demonstrando com o corpo, o que fazia e a resposta do outro a isso que ele tinha feito. Repetia fazendo "caras, bocas e gestos" como foi seu dia, seus embates, na busca de um ponto de amarração, e de encontrar um lugar no mundo dos homens.

Contou-me um único sonho: "eu estava pilotando uma moto com uma garota na garupa". Falou também que tinha arrumado uma namorada na rua. Um dia retornou para o CAPS montado em uma bicicleta que, segundo ele, havia ganhado de uma pessoa. Assustei-me ao vê-lo pedalando a bicicleta com muita habilidade e equilíbrio.

Sob transferência, algo desse sujeito, que se atrasava em responder o outro, algo dessa roupagem de retardado estava dando lugar ao sujeito que deseja experimentar algo novo, novas cenas, andar de moto, de bicicleta, namorar, enfim, viver, mesmo precariamente, sem o Nome-do-Pai para mostrar a direção. O paciente, à maneira dele, estava mostrando que sabia fazer mais coisas, que podia surpreender o analista que fazia parte dessa parceria, que se surpreendia, levava a sério o que ele dizia, que operava na tentativa de fazer uma borda, uma costura, um ponto de basta, uma amarração possível, um ponto de equilíbrio, nessa bicicleta, sem freios e com alguns parafusos soltos.

Este caso ensinou-me, na prática, as formulações de Lacan na clínica da psicose sobre a transferência e o desejo do analista. Desejo de acolher o discurso do sujeito, de deixar se surpreender, de colocar um jardim de girassóis nesse campo concreto e maciço. Por ser uma clínica complexa exigiu uma habilidade para manejar a transferência, tomando cada momento como uma situação singular. É preciso que o analista renuncie a qualquer forma de saber prévio para se surpreender, para se abrir ao inesperado que pode advir da clínica da psicose.

Com a entrada do analista, o Jovem de Bárbara-Cena construiu, na medida do possível, uma figura de pai que barrava o gozo mortífero do desejo materno. Assim, ele pôde usufruir um pouco do mundo dos homens, nem que fosse com uma amarração frágil, com risco de romper a qualquer momento.

Partindo da referência lacaniana do manejo clínico da transferência, acolhi a fala dele sem atribuir sentido ou entendimento, tomando a fala ao pé da letra, buscando a singularidade desse sujeito que antes reinava sozinho pulando o muro para o lado de fora, do lugar mesmo de onde sempre esteve preso: "do lado de fora" (RABINOVICH, 2001, p. 7).

A transferência propiciou um acesso fundamental ao fenômeno da repetição e à possibilidade de continuar a direção do tratamento pela via do secretário do alienado.

3.5. Terceiro norteador clínico: secretariado

Secretariar o psicótico é a proposta lacaniana da direção do tratamento e o manejo da transferência na clínica da psicose. Lacan convida-nos a não recuar diante da psicose e alerta quanto à existência de uma transferência que pode se manifestar de forma maciça, na erotomania ou na persecutoridade, demandando um manejo muito delicado, que, a meu ver, só é possível a partir do desejo do analista, que testemunha as possíveis construções que o psicótico consegue fazer de um mínimo laço de endereçamento. Lacan utiliza o conceito de secretário do alienado partindo do manejo clínico com a psicose.

> Vamos aparentemente nos contentar em passar por secretários do alienado. Empregam habitualmente essa expressão para censurar a impotência dos seus alienistas. Pois bem, não só nos passaremos por seus secretários, mas tomaremos ao pé da letra o que ele nos conta – o que até aqui foi considerado como coisa a ser evitada. Não é por não ter estado longe o bastante na sua escuta do alienado que os grandes observadores que fizeram as primeiras classificações tornaram sem vigor o material que lhes era oferecido? (LACAN, 1955-1956/2008, p. 241).

O Jovem de Bárbara-Cena passou a sair pela porta da frente e a retornar sozinho, sem a ambulância do SAMU e sem o carro de polícia. Começou a me falar sobre o que fazia. Comentou que fazia ginástica nos aparelhos da praça, dica importante para inseri-lo na academia da cidade, porém, não obtivemos sucesso, devido ao protocolo que determinava dias e horários rígidos que o paciente não conseguiu cumprir. Ele continuou se exercitando nos aparelhos da praça sozinho, nos dias e horários que ele escolhia. Com a presença do Acompanhante Terapêutico, tentei nova investida para inseri-lo na academia da cidade, sem sucesso, pelos mesmos motivos.

O Jovem de Bárbara-Cena pediu para voltar para a escola, tentamos inserção na Educação de Jovens e Adultos (EJA). Também não obtivemos sucesso, fomos barrados novamente por protocolos burocraticamente ineficazes para um sujeito com a estrutura psíquica do paciente. Ele não conseguia prestar atenção às aulas, não fazia o que era pedido pela professora. Um dia, a professora falou-me, na frente dele, que ele não conseguia aprender. Ao ouvir isso, ele saiu da sala num rompante, derrubando cadeiras e mesas, e a professora não entendeu por que ele havia ficado nervoso. Ela justificou que falou na frente dele imaginando que ele não iria entender o que ela estava falando. Pontuei para ela que, com essa reação, ele pôde ensiná-la que havia entendido.

Ele iniciou uma agitação psicomotora correndo e trombando nos móveis que estavam em sua frente; a cada momento que me aproximava dele, esboçava uma reação agressiva e corria em direção oposta. Deu um sinal de tchau. Imediatamente consenti com o que ele expressava, disse-lhe até breve e voltei sozinho para o CAPS.

Diante da demanda dele de voltar a estudar, discuti o caso com outra professora da EJA, que aceitou atendê-lo no tempo dele e fazer daquele encontro uma sala de aula. Ele frequentou por um bom tempo esse espaço, essa escola construída por ele e para ele, que considerava que ele tinha um saber.

3.6. Nova indicação de moradia e o processo de desinstitucionalização

Fruto do esforço de toda a equipe do CAPS e das reuniões de matriciamento, conseguimos um novo local para ele morar. Era uma casa de uma Organização não Governamental (ONG) indicada pela Secretaria de Assistência Social, que tinha como proposta fornecer moradia para psicóticos com quadro de vulnerabilidade social.

Entenda-se por desinstitucionalização o processo de reinserção social desse jovem vítima de abandono familiar desde os 18 anos e a partir de então inserido em Tratamento Intensivo (24 horas), onde permaneceu por mais de 08 anos, o que nos fez considerá-lo institucionalizado.

Este caso sempre exigiu o envolvimento de vários setores, entre eles a Assistência Social, a Secretaria de Saúde e o Ministério Público, por tratar-se de abandono de incapaz. O Ministério Público elaborou uma ação cautelar para que o município providenciasse uma casa com um cuidador para o Jovem de Bárbara-Cena.

Foi elaborado um novo Projeto Terapêutico Singular em conjunto com a gerente e com os cuidadores da casa desse momento de transição, conforme indicado a seguir:

1. Levá-lo para conhecer a residência ainda em momentos de reforma (a ONG já tinha uma casa – esta seria a segunda – e precisou de uma reforma antes de receber os usuários/moradores. O Jovem de Bárbara-Cena foi o primeiro morador).
2. Liberá-lo do tratamento intensivo no CAPS.
3. Diminuir a Permanência Dia e aumentar os dias em que ficará na casa.
4. Depois de adaptado a essa nova realidade, fazer a transferência de cuidado para o Centro de Saúde mais próximo da residência.

No dia seguinte, fui informado pela Assistente Social que ele havia saído para comprar cachorro-quente para comer à noite, trocou as lâmpadas da casa e pediu que fizesse frango, angu e quiabo no domingo e churrasquinho na área externa.

Este relato nos mostra que os psicóticos, mesmo estando fora-do-discurso, e, portanto, fora do laço social por estrutura, entram no laço social, conforme contribuição de Quinet sobre a psicose e o laço social: "A vida cotidiana e a clínica com sujeitos psicóticos nos mostram que eles entram numa relação em que está em jogo o governo, o comando, a dominação, a submissão, a educação, a burocracia, o fazer desejar, a sedução, a provocação de saber, o psicanalisar" (QUINET, 2006, p. 9-10).

De acordo com o Projeto Terapêutico Singular e com a função que exerci, de secretário do paciente, eu e a Acompanhante Terapêutica (AT) fizemos visitas domiciliares, com o objetivo de acompanhar de perto se ele estava tomando as medicações corretamente e avaliar o processo de desinstitucionalização.

Nessas visitas domiciliares, aproveitamos para orientar as cuidadoras no manejo clínico, a fim de evitar um ciclo de desencadeamento da psicose que, uma vez desencadeado, era difícil de manejar.

Quando cheguei à casa, ele me deu um abraço apertado sem dizer nenhuma palavra; permiti ser abraçado por alguns instantes e me desvencilhei do abraço, estendi a mão em sinal de cumprimento e falei: "Bom-dia, jovem!" Ele estendeu a mão e respondeu: "Bom-dia!". Apresentou-me os cômodos da casa, começando pela cozinha até o seu quarto. Com uma expressão de felicidade, abriu a porta do guarda-roupas e falou indicando com o dedo: esse é o meu guarda-roupas e essas são as minhas roupas. Sentou-se na cama e falou que estava feliz, que não iria mais sair daquela casa. Nesse dia, não falou muito, como era de costume.

Até então não havia nenhuma reclamação em relação ao comportamento dele por parte dos cuidadores e administradores da casa.

Apesar de todo nosso cuidado em fazer uma transição gradativa, em discutir o caso com a gerente e com as cuidadoras, de fazer um Projeto Terapêutico Singular (PTS) com a participação dele, em conjunto com a gerente e as cuidadoras da casa, a fim de evitar o que aconteceu na primeira experiência de moradia, não conseguimos evitar o surgimento do inesperado. Ele quebrou todos os móveis e vidros das janelas no quarto dia em que estava na casa. O inusitado ocorreu quando o Jovem de Bárbara-Cena pegou uma lata de doce de leite na geladeira para comer antes do almoço. A cuidadora pediu que ele guardasse o doce de volta na geladeira dizendo que seria a sobremesa. Ele ficou em silêncio e pegou a lata de óleo de soja para se benzer. Novamente, a cuidadora interveio dizendo que aquele óleo de cozinha é para fazer almoço e não era para passar na testa, nem se benzer. Esse foi o estopim da bomba. Ele reagiu agressivamente, jogou a lata de doce de leite longe, derramou o óleo no chão, derrubou a geladeira, o fogão, a televisão no chão e tudo que encontrava pela frente – som, mesas, sofás e cadeiras. A cuidadora conseguiu trancá-lo em um quarto enquanto ele quebrava a cama, o guarda-roupas e os vidros da janela. Diante do horror e da devastação, as cuidadoras chamaram a polícia que – ao ver a casa com os móveis no chão e os vidros quebrados – acionou a Guarda Municipal com Teaser e a polícia de elite para imobilizá-lo com um tiro nas pernas, se fosse necessário.

Ao ser comunicado, fui imediatamente para o local, encontrei os policiais se organizando numa operação de guerra. Diante da bárbara cena de total destruição, eles constataram que se tratava de uma pessoa de alta periculosidade. Impediram o meu acesso à casa justificando que seria perigoso. Devido a minha insistência, fui autorizado a entrar junto com eles. Solicitei que não atirassem, expliquei rapidamente o caso do paciente. Os policiais entraram de arma em punho, abriram a porta com um pontapé, negligenciando que as chaves estavam na fechadura. Encontramo-lo em pé no meio do quarto de mãos vazias, sem apresentar reação, semelhante a alguém que tinha acabado de sair de um estado crepuscular. Chamei-o pelo nome, ele me olhou e falei que iríamos voltar para o

CAPS. Ele saiu comigo, entrou na ambulância do SAMU e retornamos ao CAPS, agora com indicação de ficar em acolhimento noturno reconstruir, na medida do possível, o que foi destruído, rever nossas intervenções e Projetos Terapêuticos e avaliar qual amarração seria possível e de qual dose de inventividade e criatividade iríamos precisar.

De volta ao CAPS, perguntei por que ele quebrou os móveis da casa; ele respondeu que "a moça não me deixava fazer nada, então fiquei nervoso e quando fico nervoso, jogo o fogão no chão, o armário no chão, porque fico agitado" (fala do paciente em um atendimento).

Esse foi mais um ciclo de repetição, ou melhor, mais uma passagem ao ato. O significante "nervoso" e "agitado" irrompeu arbitrário, trazendo essa marca do real e de como o Outro goza. O forcluído retorna no real, segundo Lacan, no *Seminário, livro 3*, "As psicoses". Lacan, em relação à passagem ao ato, diz que

> Na relação do sujeito com o símbolo, há a possibilidade de uma *Verwerfung* primitiva, ou seja, que alguma coisa não seja simbolizada, que vai se manifestar no real. A categoria do real é essencial ser introduzida, ela não pode ser negligenciada nos textos freudianos. Eu dou a ela esse nome enquanto ela define um campo diferente do simbólico. É somente a partir daí que é possível aclarar o fenômeno psicótico e sua evolução (LACAN, 1988, p. 100).

A relação do Jovem de Bárbara-Cena com a linguagem – os solilóquios, os risos imotivados, as frases interrompidas e a reação de agitação e exaltação nos momentos de frustração – demonstra que as palavras invadem o corpo e ele reage sem ter acesso ao simbólico, em um gozo de fúria.

Ele se dizia arrependido pelo que fez e justificou que a cuidadora não o "deixou fazer nada". Esse foi um ponto de injunção que convocou o Outro tirânico e gozador.

Passados alguns dias, a gerente da casa me confidenciou que havia orientado a cuidadora a impor limites, mas com o ocorrido ela avaliou, *a posteriori*, que houve um excesso por parte da cuidadora, o que provavelmente criou muita dificuldade em manejar aquela situação, depois de desencadeada. Combinei em levá-lo no dia seguinte, com objetivo de implicá-lo no que aconteceu. Conforme combinado, retornamos à casa, ele viu o que tinha feito, a casa ainda estava com os vidros e móveis quebrados, ele pediu desculpas para todas as cuidadoras e para a gerente, que relatou esse acontecimento da seguinte forma:

> No dia seguinte o Jovem de Bárbara-Cena voltou a casa para uma visita acompanhado do Sr. Gladston, para ver os estragos que tinha feito. Ficou bastante triste e repetia que não podia fazer aquilo, que era feio, que não iria fazer novamente. Quando a gente conversou, ele mostrou-se bastante arrependido, chorou muito e pediu para confiarem na palavra dele, que não faria aquilo novamente. Todos ficaram comovidos. (Trecho do relatório da gerente da casa para a gerente do CAPS)

Esse fato nos levou a construir um novo Projeto Terapêutico Singular. O paciente agora tinha uma casa, portanto, ficaria em acolhimento noturno igual aos outros pacientes que se desestabilizam. O CAPS continuou a sua função de acolher e tratar, porém com uma mudança na direção de tratamento, já que agora ele tinha uma casa para morar. Portanto, ele não era liberado para sair ou passear enquanto estivesse em tratamento intensivo no CAPS. O tratamento seguiu um dos desafios da política de saúde mental, a reinserção social. Desafio colocado para os gestores e trabalhadores em saúde mental.

O CAPS continuou exercendo a sua função. Segundo Zenoni (2000), a instituição tem duas funções:

> A função social de acolher, abrigar o sujeito psicótico, e a função clínica, terapêutica, de tratá-lo. O paciente em crise dever ser acolhido, mesmo que não se implique de imediato no tratamento, e este acolhimento pode vir a provocar uma demanda (ZENONI, 2000, p. 02).

Solicitei que as cuidadoras fossem visitá-lo no CAPS. Infelizmente isso não aconteceu. Participei de uma reunião no Centro de Saúde da área de abrangência de onde o paciente estava morando, para apresentar o caso e construir conjuntamente um Projeto Terapêutico no momento de transferência do cuidado. Todos os presentes (profissionais do Centro de Saúde, Gerente da Secretaria de Saúde, Gerente do CAPS e cuidadoras da casa), exceto a representante da Assistência Social, foram unânimes em concordar com a volta do paciente para a casa. Foram abordados os impasses no manejo na clínica com psicóticos, foi lembrada a frase orientadora de Lacan sobre não recuar diante da psicose e que podemos lidar com os pacientes, se estivermos dispostos a aprender com eles.

No dia seguinte, recebo um telefonema da gerente da casa informando que houve uma reunião com a Secretaria de Assistência Social e que haviam decidido que o Jovem de Bárbara-Cena não voltaria para a casa.

3.7. Desistiu de procurar a mãe, mas não desistiu de procurar uma moradia

De volta ao CAPS, continuou o seu reinado sozinho pelas ruas da cidade, buscando, à sua maneira, um lugar para morar. Dormiu com mendigos em uma casa abandonada e relatou, gesticulando, o que havia acontecido naquela noite. Falou que mexeram no seu pênis e introduziram "uma coisa ardida em seu ânus", e, quando ele queria ir embora, foi agredido. Pelo seu relato, houve abuso sexual seguido de agressão, o que exigiu que providenciássemos um tratamento com retrovirais a fim de evitar a contaminação pelo vírus da Aids.

Diante desse ocorrido, ele não voltou mais ao local, mas continuou a sua busca por uma moradia, elegendo um barracão de um paciente do CAPS para morar. O barracão era muito precário, sem estrutura sanitária adequada e num ponto de tráfico de drogas. O dono do barracão informou que ele pedia comida na casa dos vizinhos, quebrou os poucos móveis da casa, perturbou o vizinho tocando o interfone e correndo, quebrou o farol da moto desse vizinho e, devido a essas atuações, foi ameaçado de morte pelos vizinhos e pelos traficantes. Apesar das ameaças de morte, evadia do CAPS e voltava para o barracão, até que um dia relatou que viu um vulto preto na parede, ficou com medo e saiu correndo, não voltando mais a esse local.

Devido à situação de abandono, a promotoria ajuizou uma nova ação cautelar para o município providenciar um local de moradia para o paciente e bloqueou o benefício financeiro que a família vinha recebendo sem cumprir o compromisso de se implicar no tratamento do filho.

3.8. A Residência Terapêutica[17]

O município, para atender a uma ação cautelar da Promotoria, providenciou uma vaga para o paciente no Serviço de Residência Terapêutica (SRT). Diferentemente das outras duas tentativas anteriores, nas quais o projeto de moradia foi frustrado, a equipe do CAPS não fez festa de despedida, nem mala com roupas novas, nem ficou falando em demasia que ele teria uma casa. Houve reuniões pontuais com os cuidadores da Residência Terapêutica visando aos acertos necessários à chegada do paciente. Naquele momento de transição, ficou combinado que o local de tratamento continuaria sendo o CAPS, para posterior transferência de cuidado para o Centro de Saúde da área de abrangência da residência terapêutica.

O tratamento do Jovem de Bárbara-Cena entrou na lógica do universal, no registro do direito para todos, no fluxo da Rede de Atenção Psicossocial, com seus protocolos, referências e contrarreferência. Contava, ainda, com um secretário para testemunhar a sua existência e um Acompanhante Terapêutico (AT) – um estagiário do curso de Psicologia que foi orientado de acordo com a direção do tratamento do paciente, pautado no referencial psicanalítico lacaniano. No próximo capítulo, abordaremos a participação do AT nas diversas fases do tratamento desse Jovem de Bárbara-Cena.

O Jovem foi encaminhado para a residência terapêutica, tal qual todos os pacientes que recebem alta do acolhimento

17 As residências terapêuticas constituem-se como alternativas de moradia para um grande contingente de pessoas que estão internadas há anos em hospitais psiquiátricos por não contarem com suporte adequado na comunidade. Além disso, essas residências podem servir de apoio a usuários de outros serviços de saúde mental, que não contam com suporte familiar e social suficiente para garantir espaço adequado de moradia (BRASIL, 2004, p. 05).

noturno. No dia seguinte, retornou para o Tratamento Intensivo por ter apresentado agitação psicomotora, quebrando vidros da janela e jogando uma cadeira na cuidadora. Acionaram novamente o SAMU e ele foi encaminhado para o CAPS.

De volta ao CAPS, perguntei-lhe sobre o que havia acontecido. Ele respondeu que ficou nervoso com a cuidadora, porque ela havia negado comida a ele, falando brava e o mandando ir para a cama. Relatou ter ficado muito nervoso porque estava com fome.

Um dos objetivos das residências é estimular que as pessoas deixem de ser pacientes e se tornem moradoras, sujeitos com direitos e deveres. Vários moradores participam da rotina da casa, frequentam os espaços públicos etc. Mas esse contato com o outro pode funcionar como uma injunção, uma ordem que vem de um Outro tirânico, adquirindo um caráter insuportável para o psicótico, que é invadido por um imperativo de comando. Esclarecer o funcionamento do sujeito psicótico aos cuidadores da casa possibilitava que eles construíssem formas mais adequadas de manejar as situações. Observamos a repetição do mesmo, com a sua característica de ser imprevisível e incontrolável que não encontra um ponto de basta por falta do Nome-do-Pai, significante que coloca limite ao gozo materno. Como o Jovem de Bárbara-Cena é desprovido desse significante, ele ficava à deriva, sujeito à imposição ou imperativo do Outro. As cuidadoras vão aprendendo na prática, com os psicóticos, como conversar com eles para não desencadear uma crise, mas nem sempre é possível acertar o que e como falar. Ser cuidador em saúde mental é um grande aprendizado e ao mesmo tempo um desafio em lidar com o psicótico. O diferencial do Serviço de Residência Terapêutica das duas residências anteriores, coordenadas por uma Organização Não Governamental (ONG), é que todas as intercorrências, tais como agitações psicomotoras e heteroagressividade, passaram a ser amplamente discutidas, tomadas como um "evento sentinela",[18] a fim de evitar novos desencadeamentos e não fecharem as portas para os pacientes.

O Jovem de Bárbara-Cena recebeu alta do Tratamento Intensivo e retornou à residência. Andava de ônibus na companhia do AT, participava de passeios juntamente com outros moradores, participava de oficinas e tocava atabaque (instrumento de percussão). Em certa ocasião, recebi um telefonema da casa, dizendo que o paciente não havia dormido bem e se recusava a fazer uso da medicação. Oriento-os a levá-lo ao CAPS. No consultório, ele ficou exaltado, choroso, queixou-se de que estava sendo maltratado pelas "donas" e disse que gritou com elas: "tira a mão de mim, tô com raiva". Relatou que a cuidadora disse para ele "cair fora". Acolho sua fala, sem interpretar, o que o apaziguou, não precisou de medicação extra.

O jovem estava deixando de ser de Bárbara-Cena para ser um cidadão, portador de carteira de identidade e endereço fixo, mas, mesmo assim, o carro de polícia o pegava e levava para o CAPS quando o encontrava andando pelas ruas. Reclamava apontando a falta de motivos para tal abordagem e foi preciso intervir, esclarecendo à polícia que o paciente tinha endereço fixo e que poderia andar pelas ruas.

O paciente não ficou livre das alucinações, mesmo sendo medicado com altas doses de antipsicóticos.

A cuidadora relatou um episódio no qual ele estava varrendo o corredor, quando de repente saiu correndo em

18 Intercorrência passível de ser evitada que indica falhas na assistência à saúde, devendo ser classificada de acordo com a sua gravidade. Em qualquer uma dessas ocorrências, o objetivo do evento sentinela é sempre educativo e corretivo, utilizando a experiência para que se avalie o processo e se adotem procedimentos que evitem reincidências.

direção à cozinha xingando palavrões e finalizou esse rompante quebrando um vidro. Ela teve a percepção de que ele estava conversando com alguém, numa crise alucinatória, então, ela o chamou para rezar, e isso o acalmou.

Ele intercalava a ida ao CAPS, acompanhado pelo AT, com momentos de inserção em Acolhimento Noturno, devido à "quebradeira". Queixava-se dos limites rígidos (não podia ver televisão até tarde, por exemplo), mas vivenciava momentos em que ajudava nos afazeres domésticos (lavando banheiro, varandas etc.). Convivendo na residência de forma menos atribulada, era um paciente que ria e cantava.

O tratamento do paciente foi marcado por várias passagens ao ato devido à falta de um suporte da significação fálica para lidar com a estrutura da linguagem, portanto, sem uma rede de sentidos que o protegesse da devastação do real que sempre emergia vorazmente. Nesse sentido, Rabinovich (2001) comenta que,

> Lá onde a coisa se cala, porque o que só pode ser dito em desordem deixa marcas caóticas, é da irrupção do mundo exterior que provém um dizer, o dizer das vozes e dos pensamentos invadindo o psíquico. Aquilo que do dizer é abolido dentro retorna fora, o qual se torna então um dentro excluído – ou um fora incluído. Não é do internamento que se queixam os loucos, mas de um externamento. Sofrem por estarem presos do lado de fora (RABINOVICH, 2001, p. 72).

Dessa forma, a vida do Jovem de Bárbara-Cena transcorreu, "preso do lado de fora". Na busca de um endereço, encontrou somente o próprio corpo, o lugar do retorno do foracluído.

Certo dia, o Jovem de Bárbara-Cena saiu e não mais voltou. Nessa ocasião, a mãe apareceu. Conversamos pela primeira e única vez. Os dois, mãe e filho, cumprindo a profecia de não ficarem no mesmo lugar ao mesmo tempo, intercalando os lugares: onde um estava, o outro desaparecia, saía de cena.

4. A CONSTRUÇÃO DO CASO CLÍNICO E O TRABALHO EM REDE

O objetivo deste capítulo é apresentar a construção do caso clínico e a direção do tratamento de um caso grave de psicose atendido em um CAPS, revelando a importância de um referencial teórico que sustente o trabalho em rede, por meio do trabalho de matriciamento e da supervisão clínica. Abordaremos também a participação do Acompanhamento Terapêutico no caso.

O caso do Jovem de Bárbara-Cena levou as instituições ao seu limite de intervenção, devido a dois importantes fatores: a gravidade clínica e a falta de suporte familiar. Um fator retroalimentava o outro e o mantinha desestabilizado, portanto, foi necessário intervenção tanto na clínica quanto no campo social. Nessa perspectiva, o caso desse jovem mobilizou todos de uma equipe interdisciplinar de um CAPS e possibilitou discussões acirradas em vários setores, não só da Saúde, mas também da Educação, do Jurídico e da Assistência Social, instâncias que sustentam firmemente a defesa dos direitos dos pacientes com alta vulnerabilidade social. Os aspectos abordados eram não só relacionados à falta de moradia, aos agravos da saúde, à falta de acesso à política de educação e cultura, mas ao direito à fala e, principalmente, ao direito à vida. Nesse sentido, encontramos na psicanálise de orientação lacaniana a lógica da direção do tratamento pautada na singularidade do sujeito e em seus sintomas, demarcando a possibilidade de manejar a transferência na clínica da psicose.

A superação das práticas tutelares é algo já bastante difundido no discurso do movimento da reforma psiquiátrica brasileira. Entretanto, conceitos como cidadania, tratamento em liberdade, trabalhos voltados para a criação de vínculo social e a eleição de uma teoria que sustente a condução do tratamento ainda são um aspecto conflituoso no cotidiano dos serviços de Saúde Mental.

Durante a condução do caso, ouvi alguns profissionais da área Psi comentarem que o Jovem de Bárbara-Cena seria mais "feliz" em um manicômio de Barbacena, pois ficaria mais "protegido" da discriminação e da violência social. Outros colegas perguntavam quem iria pagar a conta dos prejuízos causados por ele, quem iria pagar os vidros e os carros quebrados. E outros tantos ainda questionavam a política de inserção social: como ficaria o direito das pessoas prejudicadas pelo paciente? Como ficaria o direito dos professores, alunos e funcionários da escola agredidos por ele? Que educação inclusiva é essa que defendia somente o direito daquele que quebra, que agita e que agride?

Esses questionamentos apareciam também por parte de alguns funcionários do CAPS, de acordo com o relato extraído da pesquisa realizada nos prontuários:

> [...] Esta situação do caso do Jovem de Bárbara-Cena está ficando insustentável. Ele passou a "atuar" no serviço como fazia em casa e pede para ir ao hospital, um lugar diferente da casa e que lhe garantia certo apaziguamento. [...] quem vai se responsabilizar pelos danos materiais que o paciente causou? Caso ele sofra algum problema que lhe cause a morte, qual seria nossa responsabilidade? Como lidar com a família? Até quando mantê-lo no CAPS? Como colocar limites em sua atuação? (Responsável Técnico)

Não considero um problema apontar contradições entre os preceitos da reforma psiquiátrica e a sua prática. As contradições são inerentes a qualquer processo histórico, social e político de grande complexidade, mas não podemos deixar de reconhecer o avanço da reforma psiquiátrica na Região Metropolitana de Belo Horizonte e quão difícil e trabalhosa é a articulação da teoria com a experiência prática. É importante salientar que o campo da saúde mental contempla uma equipe multiprofissional e diversas abordagens teóricas. Nesse sentido, Figueiredo (2004) comenta que:

> No campo da saúde mental teríamos ainda uma questão de fundo, a saber: como constituir um solo comum de trabalho para diferentes profissionais que não teriam qualquer compromisso com uma formação em psicanálise, mas poderiam se valer de sua contribuição? (FIGUEIREDO, 2004, p. 77)

Nessa lógica, a psicanálise mostra-nos que é possível praticar uma clínica subversiva. Freud, mesmo antes da criação da psicanálise, já sofria críticas de diversos campos, mas não abriu mão da ideia de que seríamos determinados por forças desconhecidas, atualmente conhecidas como inconsciente. A psicanálise rompe com as diretrizes normativas e moralizantes do tratamento psíquico determinado pela psiquiatria e produz o seu próprio lugar, com uma teoria e uma prática que resgatam a noção de sujeito responsável pelas suas ações. Tais aspectos são fundamentais no campo da saúde mental. Nesse sentido, Barreto comenta que a psicanálise

> nos autoriza a pensar uma clínica dissociada dessa normatividade moral, mediante a afirmação da responsabilidade do sujeito e de sua singularidade como diretrizes éticas na condução do tratamento e nas intervenções que ela produz sobre o campo da saúde mental (BARRETO, 2007, p. 1).

Esta investigação vem confirmar que é possível utilizar a metodologia da construção do caso clínico, sustentado pela psicanálise de orientação lacaniana, em um serviço público de saúde mental, que tem suas diretrizes políticas de resgate da cidadania e reinserção social dos portadores de sofrimento mental. Nesse sentido, Carvalho (2010) afirma que

> o modelo CAPS é sustentável. Mostrou-se eficaz para uma grande maioria dos casos. Deslocou o manicômio do ponto hegemônico onde ele outrora se encontrava, subverteu o paradigma centrado no poder e nos saberes psiquiátricos, convocou novos parceiros e criou uma rede relativamente bem articulada (CARVALHO, 2010, p. 09).

Apesar das leis antimanicomiais (12.684/97, 10.216/01) disporem sobre a promoção de saúde e da reinserção social do doente mental determinando a implantação de ações e serviços de saúde mental substitutivos aos hospitais psiquiátricos e o resgate da cidadania e da dignidade do portador de sofrimento mental, ainda percebemos a lógica manicomial presente em alguns profissionais e em algumas famílias, resquícios da lei assinada por Getúlio Vargas em 03 de julho 1934, conhecida como "lei de ferro", que vigorou por mais de 60 anos no Brasil e dava direito à família e ao poder público de internar sem autorização dos pacientes. Esta concessão arbitrária está na origem de vários abusos e irregularidades cometidas contra pessoas internadas compulsoriamente, sem qualquer direito de manifestação de vontade.

Nesse sentido, resgatamos as denúncias do repórter Hiram Firmino, que desde 1979 revelou os maus-tratos contra os pacientes internados em Barbacena e apontou vários questionamentos sobre o tipo de tratamento desumano dado aos doentes mentais no manicômio:

> Por que Barbacena é uma prisão? Uma mente, uma medida econômica, não um coração? Uma prisão perpétua, campo e concentração? Um hospício, jamais um hospital, uma casa de saúde? Ou "Centro Psiquiátrico", como o governo quer rotular? Qual a razão para as grades, os eletrochoques, as celas e os altos muros acinzentados. [...] O lugar, a vida que ali não é vida. É apenas uma passagem sofrida e dolorida, Real (FIRMINO, 2014, p. 57).

Nessa mesma época, Basaglia visitou a rede de hospitais psiquiátricos no Brasil e denunciou a falta de humanização nos tratamentos que imperavam nesses locais, comparando-os com os campos de concentração nazistas.

> Num hospital psiquiátrico os doentes "agitados" são submetidos ao "garrote". Quem não conhece o ambiente do manicômio não sabe do que se trata: é um sistema muito rudimentar, utilizado praticamente por toda parte, para fazer com que o doente desmaie através da sufocação. Joga-se um lençol sobre a sua cabeça, em geral molhado para que não possa respirar, que depois se torce com força em torno do pescoço. Ele perde imediatamente os sentidos (BASAGLIA, 1985, p. 05).

A potência dessa afirmativa fortaleceu os movimentos sociais da luta antimanicomial e do Movimento dos Trabalhadores em Saúde Mental no Brasil que reivindicavam, na década de 1970, a defesa do respeito à singularidade, a superação do hospital psiquiátrico, a implantação de uma rede de serviços substitutivos (RAPS), a presença dos pacientes na cultura, a defesa do Sistema Único de Saúde (SUS) e a intersetorialidade, enfim, a luta pela transformação social, de um sistema fechado (Hospital/Manicômio) para um sistema aberto (CAPS/Centro de Saúde).

Vários autores continuam denunciando o tratamento hospitalocêntrico e fortalecendo o tratamento do doente mental em liberdade, entre eles Arbex (2013), que retratou em seu livro *Holocausto brasileiro* o histórico de pessoas que foram internadas sem nome, sem identidade, sem diagnóstico, sem lugar no mundo.

> Maria de Jesus, internada porque se sentia triste, Antônio da Silva, porque era epilético. Ou ainda Antônio Gomes da Silva, sem diagnóstico, que ficou vinte e um dos trinta e quatro anos de internação mudo porque ninguém se lembrou de perguntar se ele falava. São sobreviventes de um holocausto que atravessou a maior parte do século XX, vivido no Colônia, como é chamado o maior hospício do Brasil, na cidade mineira de Barbacena. Como pessoas, não mais como corpos sem palavras, eles, que foram chamados de "doidos", denunciam a loucura dos "normais" (ARBEX, 2013, p. 12).

Nesse sentido, Viganó (2010) avaliou que o fechamento do manicômio abriu espaço para debate clínico, discussão e construção do caso clínico, que,

> além de um potente instrumento de formação, também é um modo de avaliar e, portanto, de melhorar a qualidade clínica do trabalho. Nesse cenário, houve uma mudança histórica e cultural realizada através do movimento antipsiquiátrico dos anos 70 que varreu as ideologias que dominavam o campo Psi e o transformavam em uma infinita "guerra de religiões" (VIGANÓ, 2010, p. 1).

Podemos afirmar com Amarante (1995), Miller (1999, 2017), Viganó (1999, 2010), Zenoni (2000), Figueiredo (2004), Meyer (2007), Figueiredo e Schmidt (2009), entre outros, que a reforma psiquiátrica ainda tem como ponto de fragilidade, justamente, o campo de intervenção que é sua razão de ser: o tratamento, o vínculo social, a direção do tratamento dos Portadores de Sofrimento Mental grave e persistente e o manejo das crises.

Para enfrentar esse desafio, Viganó (2010) propôs reencontrar a dimensão da clínica, afirmando que a "dimensão da clínica é a dimensão do homem" (VIGANÓ, 2010, p. 117).

Nesse ponto de vista, Viganó sugeriu a metodologia da construção do caso clínico, iniciando pela origem da palavra caso, que

> Vem do latim *cadere*, cair para baixo, ir para fora de uma regulação simbólica; encontro direto com o real, com aquilo que não é dizível, portanto, impossível de ser suportado. A palavra clínica vem do latim *klinein* e quer dizer leito. A clínica é o ensinamento que se faz no leito diante do corpo do paciente, com a presença do sujeito. É um ensino que não é teórico, mas que se dá a partir do particular; não é a partir do universal do saber, mas do particular do sujeito (VIGANÓ, 2010, p. 118).

Viganó (2010) chamou a atenção também para o risco de o tratamento seguir as diretrizes de reabilitação, de incorrer num processo de automatismo do profissional que tenderá a oferecer ao paciente os objetos fornecidos e retirados pelo Outro materno (casa, escola, família etc.), mantendo o sujeito "preso do lado de fora" (RABINOVICH, 2001, p. 7), preso na dependência do Outro, num processo cíclico de reabilitação sem sucesso, já que o sujeito continuou excluído, preso no desejo materno; segundo Viganó, o risco de um processo de reabilitação é o de exclusão da própria clínica.

> Se o sujeito não se autoriza a falar, a dar nome aos objetos, permanecerá ligado ao objeto que é a mãe, de forma automática. [...] é um tipo de trabalho onde a decisão prescinde de uma autorização; o gesto do

> trabalhador torna-se automático. Nessa perspectiva de reversão, o sintoma não é outra coisa senão o esforço do sujeito para liberar-se da dependência devida à foraclusão. Portanto, o delírio, a fragmentação do corpo, o autismo, a melancolia são algumas estratégias para se curar, para sair do automatismo, para romper a assim chamada simbiose (VIGANÓ, 2010, p. 119).

Para formalizar a direção do tratamento na clínica da psicose, evitando o processo de reabilitação, com a exclusão do sujeito, Lacan propôs a função de secretário do alienado, o que podemos adaptar ao campo da Saúde Mental para o secretário do "portador de sofrimento mental", a fim de fornecer condições simbólicas para que ele consiga enfrentar o real do gozo invasivo e obter um mínimo de laço social.

Diante desse cenário, foi necessário conversar com os agentes dos vários setores por onde o Jovem de Bárbara-Cena circulava. Ele queria ter o direito de dormir numa cama, em um quarto, e não em um leito numa instituição de saúde. Suas reivindicações começaram a ser ouvidas em instâncias como as reuniões de matriciamento, as supervisões e nas saídas com o Acompanhante Terapêutico.

4.1. Matriciamento[19]

Diante do abandono familiar e das características peculiares do caso (alta vulnerabilidade social, baixo limiar às frustrações, alta impulsividade e heteroagressividade), ocorreram inúmeras reuniões de matriciamento no período de 08

19 Matriciamento é um novo modo de produzir saúde em que duas ou mais equipes e/ou serviços, num processo de construção compartilhada, buscam alternativas para condução de um caso clínico complexo e multifacetado, necessitando de um trabalho em rede.

anos em que o paciente foi abandonado pela família e ficou em tratamento intensivo no CAPS.

A pesquisa feita nos prontuários revela a ocorrência de inúmeras reuniões, com a presença de inúmeros atores sociais, tais como equipes do CAPS, do Centro de Saúde, da Secretaria de Saúde e da Secretaria de Assistência Social; várias com a participação do Ministério Público e representantes da Polícia Militar, do SAMU, da escola onde o Jovem de Bárbara-Cena estudou e da vizinhança em torno do CAPS.

4.2. Matriciamento no âmbito escolar

A primeira reunião de matriciamento ocorreu quando o paciente alcançou a maioridade e apresentava dificuldades de aprendizagem, com vários episódios de agressão física aos professores, alunos e funcionários e destruição dos móveis e janelas da escola. Diante dessa situação, a Diretora da escola e a Coordenadora do Serviço de Orientação Psicossocial (SOP) denunciaram a família do Jovem de Bárbara-Cena à Promotoria de Justiça, devido à falta de acompanhamento no tratamento psiquiátrico do filho. De acordo com a declaração da Diretora e da Coordenadora do SOP, o tratamento não foi realizado por total falta de acompanhamento familiar. Elas denunciaram que, "em momentos de crise, o aluno torna-se muito agressivo, agride professores, estagiárias e colegas, quebra equipamentos da escola, quebra carros no estacionamento do prédio" (Relato da diretora da escola).

Consta ainda nesse relatório pedagógico que, devido aos episódios violentos do paciente contra a mãe, esta foi morar em outro lugar, deixando o filho na companhia do irmão. Não tinha quem fizesse almoço e cuidasse da roupa do paciente. A escola tornou-se a única referência dele: chegava cedo, pedia comida e após a merenda da tarde se retirava. Inúmeras vezes ele voltava à noite ou em qualquer hora do dia, em situação de completo abandono.

A família foi intimada a comparecer na Promotoria de Justiça, porém somente o pai compareceu, justificando que a mãe do paciente há quinze dias não residia com a família porque havia sido espancada pelo filho. O pai declarou que não acompanhou o filho às consultas porque trabalhava e os horários eram incompatíveis. Afirmou que devido à agressividade do paciente desejava achar um lugar para ele morar.

A coordenadora do SOP também participou desse atendimento e percebeu que o pai do paciente exalava forte odor de bebida alcoólica, e em momento algum manifestou interesse de se implicar no cuidado com o filho.

Diante dessa denúncia, a Promotoria de Justiça expediu ofício à Secretaria de Saúde solicitando que fosse providenciado local para abrigamento provisório do paciente e sugeriu reunião com os representantes do Centro de Saúde, da Escola e do SOP para elaboração de intervenções imediatas, a fim de retirá-lo da situação de vulnerabilidade social em que se encontrava.

O registro a seguir indica a participação efetiva da diretora da escola em acompanhar o tratamento do paciente, quando ele ainda estava morando com a família:

> A diretora da escola queixa da agitação psicomotora do paciente dentro da escola. Ele chega ao CAPS de SAMU, acompanhado pela diretora da escola. Durante o acolhimento, paciente tranquilo. Paciente em uso irregular da medicação devido à falta de suporte familiar. Após ser medicado, o paciente foi liberado. A diretora se propôs acompanhá-lo e colocá-lo no ônibus, dando-lhe dinheiro para a passagem. Ele se locomove sozinho da casa para a escola. (Responsável Técnico)

Ao completar a maioridade, o paciente andava de ônibus sozinho, pagava passagem com dinheiro e/ou vale transporte. A mesma cena de agressividade e quebra de móveis que acontecia em casa se repetia em vários segmentos da sociedade, no CAPS e na escola, inúmeras vezes ele apresentou agitação psicomotora na escola e era levado para o CAPS, conforme anotação dos plantonistas:

> Paciente foi levado para o CAPS de SAMU, acompanhado pelas funcionárias da escola, onde o paciente apresentou episódio de agitação, agressividade com a professora e um colega [...] professora da escola telefona para o CAPS para se queixar do acompanhamento de saúde do mesmo. Queixa da agressividade do paciente e da falta de suporte familiar. (Plantonista do CAPS)

Diante da queixa da escola da falta de suporte familiar, a mãe do paciente compareceu ao CAPS e pediu para o serviço resolver o problema do filho, pediu para interná-lo. "A mãe queixa que o filho agride tanto o pai quanto ela e insiste em dizer que eles não têm condições de cuidar dele em casa" (Plantonista do CAPS).

Acompanhando os registros nos prontuários, ficou evidente que os vários encontros e desencontros com a família, o tratamento irregular quando ele estava com ela, os vários Projetos Terapêuticos Singulares e as inúmeras reuniões com objetivo de implicar a família no tratamento psiquiátrico e na vida escolar do paciente não obtiveram êxito. Ele não aprendeu a ler, nem a escrever e manteve frequência irregular na escola, mesmo com o esforço da equipe do CAPS para ele continuar participando das atividades escolares. Num episódio de agitação psicomotora, ele quebrou os óculos e poucos meses após foi expulso da escola, conforme o boletim de ocorrência emitido pela diretora da escola relatando que ele havia quebrado os vidros de duas janelas, uma porta de madeira e dois vidros da porta de entrada principal do prédio. No boletim, a diretora relatou que

> O aluno assentou na sala da coordenação e parecia querer alguma coisa. Como disse que não almoçou, foi oferecido banana ou lanche, mas ele não aceitou. Então saiu e foi para a sala de aula. [...] pouco depois se dirigiu à sala dos professores e mexeu na geladeira. (Diretora da escola)

A diretora relatou também que a coordenadora tentou conversar com ele sem sucesso, recebendo um pontapé na perna, em seguida ele chutou e derrubou o marco da porta de madeira, quebrando-a. A diretora tentou continuar o contato verbal, mas ele não aceitou e continuou a quebradeira, fato que chamou a atenção dos guardas municipais e das pessoas que estavam no *hall* do prédio; na portaria, ele jogou uma pedra em direção à porta principal e saiu correndo para a rua.

Quando assumi o caso, o paciente já não usava óculos, havia o quebrado durante uma agitação psicomotora, mas continuava demandando ir para a escola. Conseguimos uma vaga na Educação de Jovens e Adultos (EJA), porém, sem sucesso. Segundo a avaliação da professora, ele não atendia o perfil dos alunos, não conseguia ficar assentado nem prestar atenção às aulas. Ficou nervoso e saiu num rompante quando a professora falou na minha frente e na dele que ele não conseguiria aprender. A professora não entendeu o rompante dele e argumentou que ele não tinha capacidade de entender o que ela havia falado devido ao quadro de retardo mental. Essa situação nos mostrou que, segundo Lacan, "trata-se aí de uma desordem provocada na junção mais íntima do sentimento de vida no sujeito" (LACAN, 1957/1958/1998, p. 565).

A professora tocou num ponto que revelou para o paciente algo impossível de suportar.

É importante frisar que a saúde mental e a educação contêm nesse contexto uma complexidade, pois elas dispõem de uma postura acolhedora aos excluídos socialmente, mas deixam de incluir o sujeito.

Quando o Jovem de Bárbara-Cena chegou ao CAPS, fez questão de destruir na minha frente a mochila que eu havia lhe dado. Falei em voz baixa que eu também fiquei chateado com o que a professora falou e completei: "a mochila foi destruída, mas a sua vontade de ir para a escola não". Nessa cena algo se mostrou diferente. Em outras ocasiões, a fala da professora teria desencadeado uma quebradeira sem fim, uma passagem ao ato. O fato de ter destruído a mochila indicou um *acting-out*, "*Agieren*", termo utilizado por Freud ligado ao de transferência, indicando que o profissional não escutou o que o sujeito quis dizer e o paciente age no lugar de falar. Esse caso é repleto de *acting-out* e de passagens ao ato, mas não é o nosso propósito teorizar tais conceitos aqui.

Diante dos ensinamentos de Lacan em não recuar diante da psicose, não devemos recuar também ante os impasses protocolares e profissionais relacionados ao manejo clínico com a psicose, nem abrir mão do caso clínico ao caso social. Termos sugeridos por Viganó (1999), que aponta que o caso social é baseado no manejo institucional, no saber do operador, que exclui o paciente, enquanto o caso clínico tem o paciente como operador e o resultado é a construção do caso clínico.

Seguindo a vertente do caso clínico e de secretariar o paciente, foi possível não recuar diante das portas fechadas da educação. Discuti o caso do paciente com outra professora da EJA e criamos um significante "Escola" para ele. Nesse espaço, num outro dispositivo da Rede de Atenção Psicossocial (RAPS), ele tinha o seu momento para estudar.

Construímos com ele uma "Escola" e funcionou assim até a mudança dele para a residência terapêutica. Ele ganhou uma mochila e guardou-a com cuidado. Nesse espaço, trocou a agressividade pelos lápis de cor. Coloriu fora dos contornos e fez rabiscos que dizia serem eles este ou aquele animal, ou objeto. No início eram linhas abertas, sem ponto de união, sem ponto de capitonê, sem amarração, tal qual a sua estrutura psicótica o instituía. Mas algo foi tomando forma e as linhas começavam a se encontrar, fechar e fazer contornos.

Os desenhos a seguir não se prestam a serem interpretados, mas a expor o registro do seu traço e revelar que, a partir de uma abordagem que não exclua o sujeito, a produção gráfica pode ser inserida no espaço de escuta e testemunhar a construção do sujeito.

Figura 2 - Desenho sem título feito pelo paciente na segunda Escola para Jovens e Adultos (EJA)

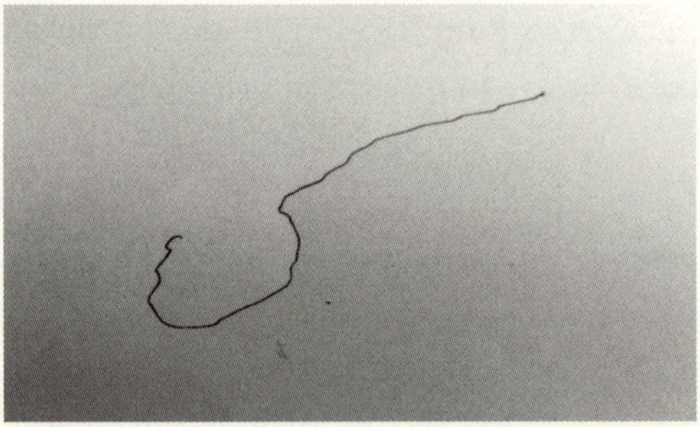

Fonte: Extraído da anotação pessoal do autor.

Figura 3 - Desenho de uma Kombi feito pelo paciente na segunda Escola para Jovens e Adultos (EJA)

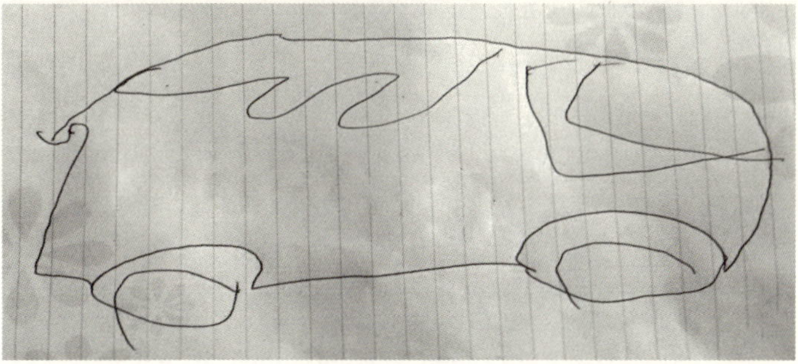

Fonte: Extraído da anotação pessoal do autor.

4.3. Matriciamento e a dimensão do sujeito, sua singularidade e seu laço social

As reuniões de matriciamento foram importantes para permitir que algo do sujeito aparecesse, mesmo com ele dentro de uma mônada. Certa nomeação foi surgindo, algo que o enlaçasse em sua posição discursiva.

Conforme relatado anteriormente, o tratamento do Jovem de Bárbara-Cena foi orientado pela Medicina Baseada em Evidência (MBE) e o norteador clínico foi o Projeto Terapêutico Singular (PTS), que é uma proposta do Ministério da Saúde para fazer uma clínica ampliada, espaço para identificar os impasses e os desafios da prática clínica desenvolvida no campo da saúde mental. É uma realidade muito presente nos novos serviços criados a partir da reforma psiquiátrica brasileira, incorporando a noção interdisciplinar que recolhe a contribuição de várias especialidades e de distintas profissões para uma ação compartilhada, tendo como objetivo final a cidadania e a ressocialização do portador de sofrimento mental. Assim, depois de uma avaliação compartilhada sobre as necessidades do usuário, são estabelecidos os procedimentos a serem realizados e são distribuídas as funções entre os profissionais envolvidos (BRASIL 2007).

> Diante desse cenário de abandono e agressividade do paciente, acontece a primeira reunião ampliada com a presença dos representantes do CAPS, do Centro de Saúde, da Secretaria de Saúde, da Assistência Social do NASF (Núcleo Ampliado de Saúde da Família). Nessa reunião a equipe sugere ampliar o vínculo social para além da escola, tentar benefício da LOAS, que é um programa assistencial, cujo nome oficial é "Benefício de Prestação Continuada", para ajudar a família a cuidar do paciente. (Técnico de Referência)

O fruto dessa reunião foram as seguintes condutas dessa reunião ampliada: fazer busca ativa do paciente, medicá-lo no CAPS ou no domicílio, atendimento psicológico para a mãe do paciente no Centro de Saúde. Consta também que a mãe do paciente compareceu somente a três consultas com a psicóloga.

> Queixou-se do marido que fazia uso abusivo de bebida alcoólica e que a agredia moralmente e fisicamente e que era nesses momentos que o paciente se exaltava para tentar defendê-la agredindo o pai e realizando quebradeiras. Demonstrou resistência em relação ao filho, mantendo a posição de arrumar um lugar "seguro" para ele a fim de protegê-lo, mas se sente incapaz de cuidar dele. Fala do desejo ainda persistente de "fugir" e abandonar tudo. (Técnico de Referência)

Ao longo do tratamento do Jovem de Bárbara-Cena, inúmeras reuniões de matriciamento e reuniões de equipe no CAPS foram realizadas, principalmente diante da dificuldade no manejo com o paciente e da indefinição de local de moradia:

> Ontem o caso do paciente foi discutido em reunião de equipe. Vimos que ainda não há definição do local de abrigamento e por enquanto ele deverá permanecer em Tratamento Intensivo. Decidimos por buscar uma conduta da equipe em relação ao paciente. Optamos pela elaboração de um Projeto Terapêutico que direcione nossas ações. Assim, elaborei os seguintes objetivos a serem trabalhados pela equipe técnica e pelos auxiliares. (Técnico de Referência)

Nessa reunião de equipe, a Responsável Técnica sugeriu aos profissionais que incluíssem o paciente nas oficinas do CAPS, respeitassem a dificuldade cognitiva do paciente, estimulassem a aceitação dos limites, usassem frases simples e objetivas, buscassem construir relações de cuidado com ele, acolhessem a sua demanda de atenção, buscassem identificar os momentos que antecedessem a crise de agitação, procurando evitá-la, e que, durante a crise, mantivessem a firmeza do cuidado e incentivassem os aspectos positivos, ou seja, a potencialidade do paciente.

Em relação ao paciente, ficou decidido que ele deveria respeitar a autoridade do plantão; ao sair para passear ou ir à escola precisaria de autorização do plantonista, que estaria vinculada ao comportamento e à circunstância do momento; seria proibido agredir pessoas; e deveria cuidar dos objetos do CAPS preservando-os, inclusive os vidros, para evitar que o frio entrasse; conversar com o plantonista quando sentisse necessidade, antes de ficar nervoso; somente os funcionários estão autorizados a mexer na televisão; na cozinha só seria permitida a entrada de funcionários; e deveria participar das atividades da Permanência Dia.

> O PTS do paciente foi direcionado às suas necessidades diferenciadas estimulando a aceitação de limites, construção de relações de cuidado e participação

> em atividades com mensagens transmitidas de forma simples, concreta e de forma repetida. Aos poucos, com este investimento específico da equipe foi possível chegar a melhores manejos e adequações do paciente, inclusive da retomada de sua ida à escola sozinho. (Técnico de Referência)

As reuniões de equipe e o matriciamento não impediram as passagens ao ato do paciente e o sentimento de frustração das equipes: "[...] Esta situação do caso do Jovem de Bárbara-Cena está ficando insustentável. Ele passou a 'atuar' no serviço como fazia em casa e pede para ir ao hospital, um lugar diferente da casa e que lhe garantia certo apaziguamento" (Técnico de Referência).

Os percursos escritos por Assistentes Sociais, Psicólogas, Psiquiatras, Enfermeiros e demais profissionais que se envolveram no caso evidenciam o esgotamento de tentativas da reinserção e a decisão de buscar nova opção de moradia para o paciente que pudesse possibilitar a ele alguma maneira de se reintegrar à sociedade e ter suas necessidades minimamente atendidas.

Todas as estações da rede acolheram as demandas dentro do cálculo inicial da direção do tratamento e foram mobilizados recursos, serviços e equipamentos na perspectiva de atender a integralidade do cuidado e do processo do trabalho em rede, tendo como ponto de partida a direção do tratamento formulado pelo Projeto Terapêutico Singular como tática e estratégia do ponto de vista da organização do processo do trabalho em Rede. Esse processo de trabalho buscou a construção do vínculo e da responsabilização das equipes envolvidas no apoio matricial, tendo como ponto central a orientação dada pela lógica do caso e pela construção do PTS. O matriciamento participou dessa rede como contraponto à fragmentação sistêmica dos serviços e ações e à verticalidade dos fluxos, às respostas inflexíveis, seletivas e padronizadas.

A equipe de matriciamento encontrou vários obstáculos na efetivação da reinserção do paciente na família. O primeiro obstáculo foi a rejeição da mãe, que não aceitava o filho em casa, seguido da heteroagressividade e das intervenções paradoxais que, se, por um lado, tinham um esforço em inseri-lo na sociedade, por outro, o mantinham excluído, sem voz, "preso do lado de fora" (RABINOVICH, 2001, p. 7).

Nesse sentido de clínica ampliada e do trabalho em rede no campo da saúde mental, o caso do Jovem de Bárbara-Cena mostrou que é possível a articulação e a interlocução da psicanálise de orientação lacaniana no campo da assistência social e das diretrizes sociais vigentes. Mostrou também que não há conflito entre o caso clínico e o caso social, que, segundo as orientações de Viganó (2010), é necessário encontrar a dimensão da clínica.

Zenoni (2000), que ocupou o lugar do psicanalista e ao mesmo tempo o de trabalhador da Saúde Mental, comentou as relações da psicanálise com a instituição de Saúde Mental. Disse ele:

> Nós acreditamos que devemos intervir também sobre pontos mais preciosos da sociedade, como em comitês de ética, redes de ajuda, práticas institucionais e sociais, para que a dimensão do sujeito, no sentido psicanalítico, seja levada em conta, ao contrário de sua exclusão pelo discurso da ciência (ZENONI, 2000, p. 02).

Ao assumir o caso, as reuniões de matriciamento e de equipe continuaram acontecendo, atendendo os preceitos da reforma psiquiátrica, porém com a orientação da psicanálise de orientação lacaniana. Com isso, foi estabelecido um paralelo entre a clínica da psicose e a problemática de não se ter um lugar e como seriam nossas estratégias na construção desses lugares.

Como parte dessas estratégias, um novo profissional entrou em cena, o Acompanhante Terapêutico.

4.4. A construção do caso clínico e o Acompanhante Terapêutico (AT)[20]

As contribuições do Acompanhante Terapêutico (AT) na construção do caso clínico do Jovem de Bárbara-Cena e no trabalho em rede foram importantes. Ferro *et al.* (2014), Chaui-Berlinck (2012), Santos *et al.* (2005), entre outros, são unânimes em afirmar que a profissão de AT nasceu no terreno fértil do movimento social da reforma psiquiátrica como dispositivo clínico para acompanhar o processo de reinserção do doente mental grave. Nesse sentido, Santos *et al.* (2005) afirma que:

> Parece tratar-se de consenso entre os diversos autores que o Acompanhamento Terapêutico é prioritariamente indicado para pacientes com grave desorganização psíquica ou com dificuldades de integração social. Dentro desta lógica, o trabalho do AT seria indicado para pacientes psicóticos, neuróticos graves, drogaditos, alcoólatras e portadores de síndrome de Down. Neste sentido a principal função do AT poderia ser definida como a de facilitador da inserção social (SANTOS *et al.*, 2005, p. 503).

20 O Acompanhante Terapêutico (AT) configura-se como um dispositivo criado a partir das demandas surgidas no campo da Saúde Mental, proveniente do movimento da Reforma Psiquiátrica Brasileira, aliando inclusão social ao acompanhamento clínico (FERRO *et al.*, 2014).

De acordo com essa lógica de inserção social, o CAPS passou a receber estagiários do curso de Psicologia para exercer a função de Acompanhantes Terapêuticos (AT). O estágio contou com a supervisão do professor da faculdade conveniada e do Técnico de Referência do caso. Foi uma grande oportunidade de aprendizado tanto para mim quanto para os alunos. O estágio aconteceu da seguinte forma: no primeiro momento, foi feita a apresentação do caso, da orientação teórica, dos norteadores clínicos e da direção do tratamento para o aluno e para o professor. No segundo momento, o aluno teve um tempo de convívio com o paciente dentro do CAPS, para depois desenvolver atividades nos espaços públicos (parques, praças etc.) e nos dispositivos da rede, Centro de Saúde, Centro Odontológico etc.)

Aprendemos rapidamente que o Jovem de Bárbara-Cena não estava acostumado a andar acompanhado, até porque ele sempre andou sozinho pelas ruas. Assim, fomos colhendo algo desse sujeito que recusava a companhia do outro. A primeira estagiária ficou poucos dias e interrompeu o estágio justificando dificuldade em lidar com a maneira "pegajosa" do paciente. Ela reclamou que ele queria beijá-la e ao recusar ficava hostil. Essa foi a primeira dificuldade que encontramos na relação entre os estágios e o paciente. Em decorrência dessa situação, os próximos estagiários foram orientados quanto à manifestação do fenômeno da transferência, que se apresenta maciça na clínica da psicose. Foram orientados também quanto ao Projeto Terapêutico e à abordagem teórica da psicanálise. No relato a seguir, a AT revela o laço transferencial que o paciente tinha comigo, chamando-me de pai e demonstrando que ficava feliz quando eu estava por perto:

> Primeiro dia de acompanhamento, realizada reunião com o Técnico de Referência do paciente, que repassou parte do histórico do paciente. Conversamos

> sobre o Projeto Terapêutico e a abordagem teórica da psicanálise. [...] O paciente aparenta feliz e muito próximo do Técnico de Referência, chamando-o de pai com muita frequência (Acompanhante Terapêutico).

Com o tempo, as ATs aprenderam a manejar a transferência na psicose, evitando o "efeito de cola", mantendo distância necessária para evitar a erotomania:

> começou a falar que sou linda, que gosta de mim, querendo passar a mão no meu rosto e no meu cabelo, falei que não gosto dessas coisas e a equipe reforça meu pedido. Pouco tempo depois ele retorna e pergunta se gosto dele porque ele me ama. Chama-me para conversar e diz que sabe cozinhar, "sei fazer café, bolo e arroz" (Acompanhante Terapêutico)

Nesse sentido, Zenoni (2000) recomenda que na clínica da psicose torna-se necessária uma estrutura coletiva de resposta: "É a clínica que exige resposta que não pode ser dada por um só" (ZENONI, 2000, p. 6). Esse manejo na clínica da psicose anulou ou diminuiu os efeitos imaginários que o paciente podia vir a construir sob a forma erotomaníaca ou persecutória.

A partir desse ponto, os alunos implicados no estágio puderam servir-se da experiência do contato com o Jovem de Bárbara-Cena e da teoria psicanalítica para orientação das ações e manejo na clínica da psicose, evitando incorporar a representação do Outro invasor e tirânico. Desprovido de um saber totalizante, o paciente passou a convidá-los para passear no parque, na praça, e aceitava o convite para irem ao dentista, ao médico no Centro de Saúde e outros dispositivos da RAPS etc..

> O processo de acompanhá-lo nas atividades que ele já realizava, foi feito com cautela, pois os vínculos e laços que o paciente estabeleceu durante sua vida sempre foram conflituosos, além disso, a erotização do paciente para com os funcionários acontecia, então foi realizado um processo de aproximação/distanciamento evitando esses momentos de erotização e até mesmo uma possível sensação de perseguição que já ocorreu outras vezes. Assim, iniciamos indo à praça próxima ao serviço, realizando conversas no pátio, construindo um vínculo de confiança. Assim com naturalidade ele me convida para passear; neste primeiro momento ele evade. Posteriormente continuamos indo à praça e iniciamos um processo de tratamento dentário, e posteriormente passamos a andar pela cidade de ônibus (Acompanhante Terapêutico)

Dessa maneira, o Jovem de Bárbara-Cena foi construindo um laço social com o Outro e suportando um pouco mais quando esse Outro social se apresentava intransigente e autoritário.

De acordo com o cronograma do estágio, a cada seis meses mudava o AT. Esse fato se mostrou interessante por dois motivos: por avaliar a maneira do paciente de construir o laço social com o Outro e a extração que foi feita de cada contato com um AT diferente. Houve uma AT que o Jovem de Bárbara-Cena elegeu como sua avó: "ao me ver dizia – minha vó chegou".[21] Era uma senhora de meia idade, feições tranquilas e apaziguadoras com a qual o paciente confidenciou várias situações familiares – falou que tem mãe, pai, quatro irmãos e duas irmãs gêmeas, e com fisionomia de tristeza disse:

21 Relato da AT.

"Meu irmão pega meu dinheiro e gasta com droga".[22] Com essa AT ele continuou indo ao dentista, fazendo passeios nas praças, no shopping e no projeto de autoria da própria AT, que envolvia um trabalho de leitura e escrita:

> Percebemos um distanciamento do paciente entre o papel e o lápis. Essa situação foi respeitada por todos que participaram das oficinas de desenho. Paciente se sentava ao lado do grupo e lá ficava ajudando a recolher os materiais que deveriam ser jogados no lixo. [...] Depois de um tempo ele senta como das outras vezes, pergunto se quer participar da atividade e para nossa surpresa pega um lápis, faz um desenho que segundo ele era uma galinha. Foi seu primeiro trabalho relacionado com a escrita. Pega a mão da estagiária de enfermagem, e faz o mesmo desenho e assim em outros dias são feitos mais três desenhos (Acompanhante Terapêutico).

Figura 4 - Desenho de uma galinha na mão da Aux. Enf. feito pelo paciente

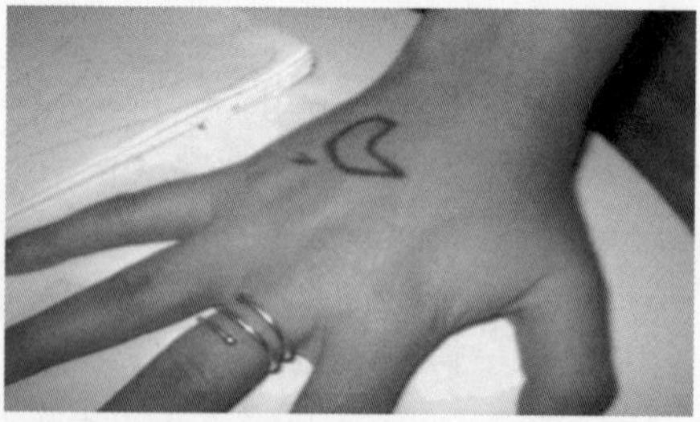

Fonte: Desenho extraído do relatório final de estágio da AT.

22 Relato da AT.

Figura 5 - Desenho feito pelo paciente intitulado por ele de *A cobra e o demônio*

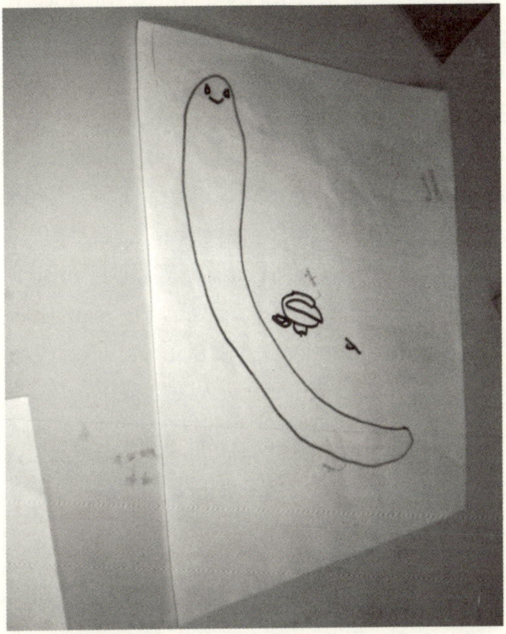

Fonte: Desenho extraído do relatório final de estágio da AT.

Importante destacar o surpreendente trabalho desenvolvido por essa AT, que chegou devagar, conforme seu relato no final do estágio:

> Gostaria de destacar que todo o trabalho foi construído muito lentamente, respeitando principalmente o desejo e o ritmo do Jovem de Bárbara-Cena. Nos nossos primeiros contatos ele se mantinha distante, mas me observava do mesmo modo que eu permanecia em lugares que ele pudesse me ver e se aproximar quando desejasse. Muitas vezes se aproximava sem nada falar. Com o tempo foi me chamando para conversar ou simplesmente para sentar num canto sem nada falar (Acompanhante Terapêutico)

Devagar e respeitando o tempo do paciente, a AT foi manejando a transferência, ocupando um lugar de avó, porém com outra roupagem, uma avó confiável, acolhedora, que explorou novas capacidades do Jovem de Bárbara-Cena. Ela o acompanhou pelas ruas, praças e serviços de saúde, mas também pelos livros, papéis e lápis. Durante o estágio, ele trocou as passagens ao ato pelo desenho e pela história da cobra e do demônio. Com isso, descortinou a tristeza, a solidão, a raiva, os desejos destrutivos presentes em sua história e a pulsão que escapou ao controle da educação, dos protocolos e das normas. Conseguiu também descortinar as manifestações psíquicas de amor, ternura e delicadeza. Com isso, o jovem permitiu-se conhecer novas cenas e cenários:

> Nunca havia subido por uma escada rolante. Mas, depois de conversarmos um pouco, conseguimos chegar ao piso superior, percebo uma certa inquietação. Digo-lhe que precisamos esperar nossa vez para descer. Anda, mas volta várias vezes para ver se o acompanho. Entra em um restaurante e senta-se. Vou até ele, conversamos e depois de um tempo aceita me acompanhar. Ao chegarmos próximos à escada rolante, diz que vai pular – momento de muita preocupação. O segurança do local se aproxima e ele então desiste da ideia (Acompanhante Terapêutico).

Observamos nesse relato que a AT conseguiu perceber e impedir uma passagem ao ato utilizando o recurso da linguagem e apostando na relação transferencial com o paciente. Nesse sentido, relatou outro momento de grande preocupação:

> Diz novamente que está com fome. Paramos em outra lanchonete. No momento em que vou fazer o pedido, há uma faca sobre uma das mesas. Ele a pega e diz que vai me matar. Há um clima de tensão. Digo ao

> segurança que pode soltá-lo, peço-lhe a faca e em seguida digo-lhe para esperar sentado enquanto faço o pedido. Lancha e vamos embora. No percurso até o ponto de ônibus vai "trombando" principalmente nas mulheres que encontramos pelo caminho. Ao chegarmos ao ponto digo-lhe que o ônibus que está parado é o nosso, sai correndo, mas para na porta e me espera. Voltamos então tranquilos para o CAPS. Ao chegarmos digo-lhe que preciso de um tempo, pois nosso passeio foi muito agitado. Mais tarde no final do dia voltamos a conversar e pedimos desculpas um ao outro, com a promessa de que o fato não se repetisse novamente (Acompanhante Terapêutico).

No CAPS, a AT contou que percebeu certa agitação no paciente, provavelmente porque ele estava num "lugar" diferente. Ela ficou atenta à mudança de comportamento dele e evitou o surgimento do "sujeito de bárbara-cena".

> Mesmo com o fato relatado acima, a forma como ele ofereceu de volta a faca mostrava que havia a construção de uma relação e que algo mais grave não iria acontecer. [...] Confesso que foram momentos de muito aprendizado, de muito não saber o que fazer, de dúvidas, mas que ao final algo parece ter ficado, não importando o tamanho, mas a qualidade (Acompanhante Terapêutico).

Esse testemunho foi em total conformidade com a direção do tratamento do paciente. Em seis meses foi demonstrado na prática o desenvolvimento sustentável do referencial psicanalítico de orientação lacaniana, que levou em conta a singularidade do sujeito, suas dificuldades na relação com o Outro e o manejo na clínica da psicose utilizando os norteadores clínicos propostos na construção do caso apresentado no Capítulo 3: o diagnóstico, a transferência e o secretariado. Esse relato propiciou vários pontos de reflexão: a oferta de um acompanhamento nos momentos de desamparo e solidão, o encontro com o real, com o inesperado e com o saber fazer na clínica da psicose, sem se paralisar nos momentos em que o sujeito apresenta suas saídas e invenções muitas vezes sem contorno ou borda.

Outro ponto interessante extraído dos relatos diz respeito à maneira muito peculiar de o Jovem de Bárbara-Cena fazer laço social, valendo-se do humor e de *performances* exibidos em público, imitando uma característica específica de profissionais, pacientes e pessoas que entram em sua vida:

> [...] ele imitava um pastor na sala de plantão. (Volta à sala, pega a chave e a faz de microfone, imita um pastor pregando na igreja, anda de um lado para o outro e grita "Oh meu Deus". [...] ele pegou o capacete de um homem que estava no parque e ficou imitando como se tivesse pilotando. [...] Voltamos tranquilamente ao serviço com ele cantando. Ele era brincalhão e criador de casos. Era sarcástico, adorava imitar as pessoas se divertindo com as características mais acentuadas delas. Era provocativo chegando a causar irritabilidade nos outros mostrando certa "molecagem" (Acompanhante Terapêutico).

É importante observar que os acompanhantes terapêuticos, cada um à sua maneira, ocuparam um lugar que permitiu um encontro com a psicose sem a presença de um Outro truculento, propiciando uma amarração via imaginário capaz de fazer uma suplência ao Nome-do-Pai, oferecendo uma certa borda nesse buraco sem fim da estrutura psicótica. Esse manejo permitiu ao paciente participar ativamente da oficina de bolo.

> A oficina de bolo foi um momento interessante para o Jovem de Bárbara-Cena, para mim e para toda a equipe do CAPS. Ele gostava de cozinhar. O sonho dele era ter uma casa, sempre dizia das comidas que iria fazer. Reunimos os ingredientes e iniciamos a confecção do bolo. Ele fez a higiene das mãos, colocou avental, touca na cabeça, assim como eu. Iniciamos a preparação. Ele colocou o trigo na bacia, pegou o ovo como se tivesse pegando uma das mais preciosas pedras. Ficou algum tempo olhando pra ele, algum tempo pra quebrar e colocar na bacia. A emoção que ele sentiu ao quebrar o ovo, talvez o primeiro de sua vida, não é possível descrever em palavras. A expressão em seu rosto foi única. Ele não sabia dizer o que estava sentindo, mas expressava no olhar, nos gestos, na face. Colocou o restante dos ingredientes, mexeu bem a massa e colocamos pra assar. Após o bolo pronto, cortamos em pedaços e ele, todo orgulhoso, serviu para os pacientes e toda a equipe (Acompanhante Terapêutico).

Aos poucos, o Jovem de Bárbara-Cena foi ocupando outros espaços, fazendo novas misturas, sonhando, cozinhando e servindo o outro. Esse testemunho confirmou os princípios do referencial psicanalítico de que o Universal não se sustenta no TODO, no igualitário. Devemos levar em conta a singularidade do sujeito e colher os frutos de sua invenção e saídas nem sempre programadas previamente. Nesse sentido, Miller (1999) aponta que o segredo da psicanálise em termos de utilidade pública no campo da saúde mental é o "de não poder prometer, não poder dar a saúde mental. Só pode dar saúde: saudar o paciente" (MILLER, 1999, p. 16).

Não há garantia na clínica, mas há, a partir da transferência de trabalho, uma direção onde o risco é calculado e as intervenções são firmes, mas suaves. Os estágios contribuíram no trabalho em rede e na construção deste caso clínico:

> Ao final do estágio aprendi muitas coisas, e a principal delas foi que eu também precisava de uma psicoterapia. Percebi os desafios em lidar com a diferença nos espaços da cidade. Em lidar com a angústia de vê-lo correndo risco atravessando no meio dos carros. Aceitar a impotência de que muita vez fui acometida, e o mais importante, respeitar a vontade do paciente (Acompanhante Terapêutico).

Nesse relato, a AT revelou um discurso que foi muito presente nas supervisões do caso. Esse discurso do sofrimento, da angústia e impotência diante das atuações do Jovem de Bárbara-Cena. Esse não saber relatado pelos ATs, ao mesmo tempo que é fundamental na clínica da psicose para não ocupar esse lugar do "saber tudo", é importante porque faz vacilar algo da certeza do sujeito e coloca-o em movimento na busca de respostas para as questões singulares.

Diante desse "deixar vacilar algo da certeza, de deixar fazer furo no saber" é que demonstraremos a importância da supervisão clínica no dispositivo do trabalho em rede.

4.5. A construção do caso clínico e a supervisão clínica

A supervisão clínica é um dispositivo do trabalho em rede no campo da saúde mental e uma importante ferramenta para a construção do caso clínico. Como sabemos, a Reforma Psiquiátrica no Brasil promoveu a substituição do modelo hospitalocêntrico pelos dispositivos substitutivos (CAPS, Centro de Saúde, Residência Terapêutica), centrados no atendimento e nas intervenções no espaço social no qual o paciente está inserido. Essas mudanças propiciaram uma nova reflexão sobre as práticas e os manejos clínicos, sendo a supervisão um dos principais dispositivos para essa finalidade.

A Portaria nº 1.174, publicada pelo Ministério da Saúde em 2005, define que o perfil desejado do supervisor clínico institucional deve ser

> um profissional de saúde mental externo ao quadro de profissionais dos CAPS, com comprovada habilitação teórica e prática, que trabalhará junto à equipe do serviço durante pelo menos 3 a 4 horas por semana, no sentido de assessorar, discutir e acompanhar o trabalho realizado pela equipe (BRASIL, 2005, p. 38).

Na Região Metropolitana de Belo Horizonte, a supervisão clínica tem como referencial teórico a psicanálise de orientação lacaniana, mas como já foi registrado anteriormente, o serviço público de Saúde Mental é muito heterogêneo no que diz respeito às abordagens teórico-práticas, o que faz com que todos os profissionais, independentemente da abordagem, se beneficiem das intervenções, que têm como eixos principais a ética e a direção do tratamento clínico. Nesse sentido, Alvarenga *et al.* (2003) comenta que, "se essa supervisão não tem no seu horizonte o desejo do analista e sua autorização, ela se preocupa, no entanto, com a posição do praticante na relação com o seu paciente" (ALVARENGA *et al.*, 2003, p. 109).

A supervisão, portanto, é um local privilegiado para formalizar os norteadores clínicos e a direção do tratamento dos pacientes graves, que levam a instituição ao limite de intervenções e muitos impasses no trabalho em rede.

Este caso nos ensinou que é importante um referencial teórico que sustente o trabalho em rede, sem excluir a singularidade do paciente. Os inúmeros Projetos Terapêuticos elaborados nos primeiros cinco anos em que o paciente esteve no CAPS orientado por outra abordagem teórica – que não levou em consideração a singularidade do paciente – não diminuíram as passagens ao ato, as contenções químicas e físicas, bem como os reajustes medicamentosos, conforme comentado anteriormente. Com o passar dos anos, somados às duas tentativas frustradas de moradias, os sintomas foram se acentuando e com isso foi-se mobilizando toda a Rede de Atenção Psicossocial (RAPS) do município à transferência de trabalho.

Agora é do conhecimento do leitor que o Jovem de Bárbara-Cena foi acolhido no CAPS pela primeira vez ao completar maioridade, tendo permanecido por 08 anos em tratamento intensivo (dia e noite) devido ao fator social (abandono total da família, sem moradia, sem recursos financeiros, sem acesso à educação) e ao clínico (diagnóstico de esquizofrenia), com inúmeras passagens ao ato (auto e heteroagressividade, agitação psicomotora, atividade delirante persistente que o fazia se jogar na frente dos carros). Devido às passagens ao ato, ele foi atendido inúmeras vezes na Atenção Secundária (Unidade de Pronto Atendimento – UPA), para suturas dos cortes por conta socos dados em janelas de vidro, e Atenção Terciária (hospital psiquiátrico). Quando evadia do CAPS, geralmente procurava um ponto da Rede, como o Centro de Saúde, ou hospital, onde ficava agressivo, causando dificuldade no manejo clínico, necessitando-se acionar o SAMU ou a Polícia para levá-lo de volta ao CAPS. Assim, o jovem provocando bárbara cena convocou toda a rede. Em cada ponto pelo qual passava, causava quebradeiras, angústia e impasses.

A dificuldade inicial dizia respeito principalmente à questão do diagnóstico e dos norteadores clínicos para definição da direção do tratamento, somados à falta de moradia. Esse fato social (falta de moradia) levou a equipe à colagem nesse significante "falta de moradia", que de certa forma pôs a trabalho a direção do tratamento para encontrar uma casa para ele morar, ou do contrário teria de voltar com ele para a casa da mãe. Procedendo assim, a equipe mantinha-o "preso do lado de fora", segundo termo de Rabinocich (2001). Desse modo, ele continuava "fora de casa", "fora da escola", "fora do CAPS", enfim, "fora da Rede", conforme o relato a seguir:

> O Jovem de Bárbara-Cena evadiu do serviço pulando o muro. [...] retornou ao CAPS e pulou o muro dos fundos para entrar. Abordei o paciente em consultório, pontuei que não precisa fugir do serviço, visto que o plantão com frequência permite a sua ida à escola [...] lembro-lhe que isto não é permitido quando ele não se comporta bem, como já combinamos. Pontuo que não precisa pular o muro. Pergunta se eu vou colocá-lo na rua. Afirmo que estamos aguardando a decisão do juiz e que não irei colocá-lo na rua, mas pontuo que precisa seguir as regras (Técnico de Referência).

A questão do "lugar" do paciente foi amplamente discutida na reunião de equipe e na supervisão, que pontuou a lógica da relação dele com a família, com a instituição e com as equipes da rede.

Segundo Barreto (2013), a supervisão aponta para uma característica do manejo na clínica da psicose que consiste em enlaçar e desenlaçar e manter o laço "frouxo", não apertar muito, a ponto de asfixiar, e nem relaxar demais, a ponto de se soltar. A supervisão, na perspectiva de Barreto,

> Consiste em estabelecer uma relação com o paciente de forma fluida, visando não cristalizar a transferência em um aspecto maciço e mortificante, reforçado pela relação dual, imaginária, à qual o psicótico faz apelo, no intento de consolidar o terapeuta num Outro consistente, e, portanto, "gozador", que tudo pode ou detém (BARRETO, 2013, p. 35).

Barreto (2013) sinaliza como o significante vínculo, palavra frequentemente usada pelos profissionais de saúde mental da rede, pode ser usado na clínica da psicose: "o recurso essencial, do manejo clínico, é o de introduzir, de forma pontual, um 'vínculo frouxo' – um enodamento menos consistente entre o terapeuta e o paciente" (BARRETO, 2013, p. 35).

Nesse sentido, Faria (2016) relata que

> O trabalho de supervisão, assim como o trabalho da direção de um tratamento, pede a delicadeza de uma escuta, a escuta da instituição com seus muitos movimentos, em uma dose medida. Faz-se necessário estar atento e fazer valer a interface entre o que é da clínica, entendida como o singular de cada caso; o que é da política, entendida como os princípios, diretrizes do SUS e da política da Saúde Mental (incluindo aí um tratamento que não se faz sozinho, mas contando com uma rede de dispositivos); e também o que é da ordem do social, entendido como os enlaçamentos possíveis de um sujeito para estar no mundo (FARIA, 2016, p. 2).

As supervisões clínicas, as discussões com a equipe do CAPS e o matriciamento, enfim, o trabalho em rede foi circunscrevendo os elementos singulares do caso, possibilitando a localização dos pontos na subjetividade do paciente que o deixavam "do lado de fora". A metodologia de construção do caso orientado pela psicanálise de orientação lacaniana, que norteou a direção do tratamento tendo como eixos principais a clínica e a singularidade do paciente, devolveu ao sujeito o direito à voz e a possibilidade de uma certa inventividade descolocando a nomeação dada pelo Outro.

Alvarenga *et al.* (2003) descreve a supervisão como aquela que

> convoca e autoriza o não todo do saber, e responsabiliza cada um por sua construção. Procura-se então situar, em cada caso, o que escapa ao saber cristalizado em torno do paciente, que alimenta um sentimento de impotência e desânimo. Recolocar o caso clínico no centro do debate desloca-o do drama subjetivo da equipe e exige que o sujeito apareça como o que ele pode criar com o significante e os objetivos que lhe são acessíveis, por precários que sejam. A abertura dessa hiância no saber, no trabalho entre vários, pode ser assumida por cada um ao tomar a palavra nas reuniões e no trabalho cotidiano, evitando deixar que o saber do Outro venha anular a dimensão da enunciação (ALVARENGA *et al.*, 2003, p. 110).

Portanto, a construção deste caso foi possível com a entrada do analista em cena, que localizou algo singular do sujeito em meio a um campo repleto de passagens ao ato. O Jovem de Bárbara-Cena foi gradativamente apresentado à equipe, que passou a ofertar um "lugar' simbólico, nas oficinas de bolo, de percussão, mais do que a promessa de uma casa de concreto.

Este caso demonstrou que é possível a prática da psicanálise num serviço público de saúde mental, pois, segundo Miller (1999), a prática analítica é útil e eficaz e "não se deve pensar que são coisas extravagantes e do outro mundo" (MILLER, 1999, p. 12).

O sujeito da bárbara cena continuou, porém com intervalos maiores. No encontro com o analista, o Jovem de Bárbara-Cena inventou uma saída: construiu um pai para si como recurso a barrar o desejo materno. Assim foi possível permitir vivenciar também o sujeito falante, brincalhão, moleque, sorridente e zombador, construir uma cena num jardim de girassóis.

CONCLUSÃO

Após esse percurso, que obviamente não tem a pretensão de esgotar o tema, algumas questões sobre o que esse caso nos ensinou, sobre inserção dos psicanalistas nas instituições de saúde mental e a direção do tratamento, tornam-se imprescindíveis.

Esse caso nos ensinou que é possível fazer uma clínica antimanicomial que rompa com os ideais de normatividade e adaptação ao social. A prática da psicanálise de orientação lacaniana nos diz que é possível viver sem manicômios e sustentar um tratamento em liberdade.

O caso desse Jovem de Bárbara-Cena com sua configuração de um caso social nos ensinou que a clínica em saúde mental, por sua heterogeneidade e carência de um referencial teórico que leve em conta a singularidade do sujeito, implica o risco de deixar de fora qual a questão implicada na clínica que ali se pratica.

Nesse sentido, esse caso demonstrou que é possível construir o caso clínico orientado pela psicanálise lacaniana, que prioriza a escuta da singularidade do sujeito. Que localiza o que o caso tem de único, o que é impossível de ser reduzido ao tipo clínico ou ao universal e que sustenta o trabalho em rede.

Observamos em Freud e em Lacan o rigor teórico e metodológico com que ambos conduziram a transmissão da clínica psicanalítica. Aprendemos com Freud a construção dos norteadores clínicos que sustentam a direção do tratamento e com Lacan a ampliação do tratamento na clínica da psicose.

Colocamos em prática a orientação lacaniana de não recuar diante da psicose e da posição de secretário perante o doente mental. Essas foram as premissas que sustentaram o meu desejo de analista em construir este caso clínico num serviço público de saúde mental.

Nesse sentido, a construção do caso clínico orientado pela psicanálise apostou na dimensão do sujeito para além do retardado, daquele que não se fazia entender, daquele que chegava atrasado, do filho perdido, do filho morto no campo do Outro.

Com a entrada do analista ocorreu uma aposta, uma indagação do que o Jovem de Bárbara-Cena podia formalizar. Diante dessa aposta, o paciente construiu um corpo nos aparelhos de ginásticas fixados nas praças públicas, falou de uma forma diferente, com clareza e objetividade, e não mais como um retardado que não se fazia entender. Essa localização subjetiva se deu nos encontros com o Jovem de Bárbara-Cena e no único encontro com a sua mãe que expôs o advento do sujeito morto no campo do Outro. Diante dessa profecia materna, o sujeito se recusava a ser acompanhado pelo Outro. Ele não acreditava que pudesse ocupar uma cena diferente dessa ofertada pelo Outro materno. E assim foi o movimento desse sujeito repleto de agitação psicomotora, auto e heteroagressividade, na tentativa de manter-se vivo.

O sujeito retardado, o não vivo o suficiente, o que assombrava a mãe como um fantasma, como um morto, retroalimentava esse eixo imaginário que unia mãe e filho: "passou da hora de nascer, um dos dois vai morrer".

A presença do analista que levou a sério o que o paciente dizia foi operando no caso, fazendo com que ele diminuísse as passagens ao ato e, consequentemente, as medicações e as contenções físicas e químicas. A presença do analista propiciou a ele construir um pai, que testemunhou que ele estava vivo, desfazendo um pouco o eixo imaginário citado acima.

Nesse sentido, o desejo do analista colocou o saber do lado do sujeito, sustentando que a clínica em saúde mental pode ser reinventada a todo momento, respeitando a singularidade do sujeito, que algo poderia ser diferente. Essa foi uma das lições aprendidas com esse caso específico. Foi um caso que movimentou a Rede de Atenção Psicossocial, envolvendo vários setores, entre eles, a Assistência Social, a Promotoria, o Serviço de Atendimento Móvel de Urgência (SAMU), a Polícia Militar (PM) e os cidadãos que nos convocavam a sustentar nossa posição clínica diante do caso social. Foi o desejo do analista que abdicou do lugar do Outro que proporcionou o aparecimento do sujeito com outras roupagens (ciclista, cantor, humorista).

A psicanálise de orientação lacaniana difere de todas as outras abordagens, pois coloca o saber do lado do sujeito, enquanto as outras abordagens encarnam o lugar do Outro, o lugar do mestre, demandando para o sujeito algo do próprio operador, mantendo o sujeito excluído, pois não leva em conta o sintoma com a sua singularidade.

Observamos que, no Centro de Atenção Psicossocial, nem sempre é utilizada a metodologia da construção do caso clínico; inúmeras vezes o sujeito passa por uma triagem e é encaminhado para um outro serviço, circulando entre vários pontos da rede sem ser acolhido ou ter oportunidade de uma inserção em uma clínica a dois, recebendo tratamento farmacológico e intervenção no social, criando impasse nos trabalhadores que se deparam diante de uma tensão entre a gestão e a clínica. Muitas vezes naufragando ante uma clínica burocrática.

Nesse sentido, esperamos que este livro auxilie no aprimoramento dos profissionais e estudantes que atuam nos campos da psicanálise e da saúde mental, oferecendo alternativas de intervenção nos casos graves de esquizofrenia e possibilitando a criação de um espaço de discussão teórico-prática sobre a clínica com psicóticos, público-alvo atendido diariamente nos vários Centros de Atenção Psicossocial.

REFERÊNCIAS

ALVARENGA, Elisa *et al.* Os usos da supervisão na instituição. Opção lacaniana (10 anos). *Revista Brasileira Internacional de Psicanálise*, São Paulo, n. 38, dez. 2003.

AMARANTE, Paulo (Coord.). *Loucos pela vida*: a trajetória da reforma psiquiátrica no Brasil. Rio de Janeiro: Fiocruz, 1995.

ARBEX, Daniela. *Holocausto brasileiro*. São Paulo: Geração Editorial, 2013.

BARRETO, Cristiane. Do que escapa e de onde se enlaça. *Para ele, minha saúde*. In: LOBOSQUE, Ana Marta; SILVA, Celso Renato (Org.). *Saúde Mental*: marcos conceituais e campos de prática. Belo Horizonte: CRP 04, 2013.

BARRETO, Francisco Paes. A Psicanálise Aplicada à Saúde Mental. *CliniCAPS – Impasses da Clínica*, Belo Horizonte, n. 01, jan.-abr. 2007.

BASAGLIA, Franco. *A instituição negada*. Rio de Janeiro: Graal, 1985.

BASAGLIA, Franco. *A Psiquiatria alternativa*: contra o pessimismo da razão, o otimismo da prática (1924). Tradução de Sonia Soianesi e Maria Celeste Marcondes. São Paulo: Brasil Debates, 1979.

BRASIL. Ministério da Saúde. Secretaria Executiva. Subsecretaria de Assuntos Administrativos. Coordenação Geral de Documentação e Informação. *Legislação em saúde mental 1990-2001*. 2. ed. rev. e atual. Brasília: Ministério da Saúde, 2001.

BRASIL. Ministério da Saúde. Gabinete do Ministro. *Portaria nº 336*, de 19 de fevereiro de 2002. Disponível em: http://bvsms.saude.gov.br/bvs/saudelegis/gm/2002/prt0336_19_02_2002.html. Acesso em: 15 nov. 2018.

BRASIL. Ministério da Saúde. Secretaria de Atenção à Saúde. Departamento de Ações Programáticas Estratégicas. *Residências terapêuticas*: o que são, para que servem. Brasília: Ministério da Saúde, 2004.

BRASIL. Ministério da Saúde. *Portaria nº 1.174*, de 07 de julho de 2005.

BRASIL. Ministério da Saúde. Secretaria de Atenção à Saúde. Núcleo Técnico da Política Nacional de Humanização. *Clínica ampliada, equipe de referência e projeto terapêutico singular*. Brasília: Ministério da Saúde, 2007. (Série B. Textos Básicos de Saúde).

BRASIL. Ministério da Saúde. Secretaria de Atenção à Saúde. Núcleo Técnico da Política Nacional de Humanização. *Clínica ampliada, equipe de referência e projeto terapêutico singular*. 2. ed. Brasília: Ministério da Saúde, 2008.

BRASIL. Ministério da Saúde. Secretaria de Atenção à Saúde. Departamento de Atenção Especializada e Temática. *Centros de Atenção Psicossocial e Unidades de Acolhimento como lugares da atenção psicossocial nos territórios*: orientações para elaboração de projetos de construção, reforma e ampliação de CAPS e de UA. Brasília: Ministério da Saúde, 2015.

BRUNO, Pierre. A Cote de La plaque: sur la débilité mentale. *Ornicar*, n. 37, p. 38-65, 1986.

CARVALHO, Frederico Feu *apud* TEIXEIRA, Antônio (Org.). *Metodologia em ato*. Belo Horizonte: Scriptum, 2010.

CHAUI-BERLINCK, Luciana. *Novos andarilhos do bem*: caminhos do acompanhante terapêutico. Belo Horizonte: Autêntica, 2012.

CHEMAMA, R. (Org.). *Dicionário de psicanálise*. Tradução de Francisco Franke Settineri. Porto Alegre: Artes Médicas Sul, 1995. Verbete: Nome-do-Pai.

CHIAVERINI, Dulce Helena *et al* (Org.). *Guia prático de matriciamento em saúde mental*. Brasília: Ministério da Saúde; Centro de Estudo e Pesquisa em Saúde Coletiva, 2011.

COSTA, A. Ribeiro; FREIRE, Beatriz A. Lacan, secretário do alienado. *Mental*, Barbacena, v. 8, n. 14, 2010.

COUTO, L. F. Debilidade mental e psicose na trança RSI: um caso clínico. *Estudo, Pesquisa e Psicologia*, Rio de Janeiro, v. 12, n. 2, p. 597-622, 2012.

FARIA, Maria W. S. A prática da supervisão nos serviços de Saúde Mental. Disponível em: http://www.ebp.org.br/textos-online/a-

-pratica-da-supervisa%CC%830-nos-servic%CC%A70s-de-saude--mental/. Acesso em: 12 dez. 2018.

FARIA, Maria Wilma. A Prática da supervisão nos serviços de saúde mental. Disponível em: http://www.ebp.org.br/textos-online/a--pratica-da-supervisa%CC%830-nos-servic%CC%A70s-de-saude--mental/. Acesso em: 02 mar. 2018.

FERRO, L. F. *et al.* Demandas, subjetividade e processo terapêutico: construções e limitações do Acompanhamento Terapêutico. *Cadernos de Terapia Ocupacional UFSCar*, São Carlos, v. 22, n. 3, p. 1-11, 2014. Disponível em: http://www.cadernosdeterapiaocupacional.ufscar.br/index.php/cadernos/article/view/748. Acesso em: 03 dez. 2018.

FIGUEIREDO, Ana Cristina. A construção do caso clínico: uma contribuição da psicanálise à psicopatologia e à saúde mental. *Rev. Latinoam. Psicopat. Fund.*, São Paulo, ano VII, n. 1, mar. 2004.

FIGUEIREDO, Ana Cristina; SCHMIDT Moema Belloni. Acesso, acolhimento e acompanhamento: três desafios para o cotidiano da clínica em saúde mental. *Rev. Latinoam. Psicopat. Fund.*, São Paulo, v. 12, n. 1, p. 130-140, mar. 2009.

FIGUEIREDO, Ana Cristina; VIEIRA, Marcus André. Psicanálise e ciência: uma questão de método. In: BEIVIDAS, Waldir (Org.). *Psicanálise, pesquisa e universidade*. Rio de Janeiro: Contra Capa, 2002. p. 13-33.

FIRMINO, Hiram. *Nos porões da loucura*. Belo Horizonte: Edições Ecológico, 2014.

FREUD, Sigmund (1886). *Relatório sobre meus estudos em Paris e Berlim*. Tradução de J. Salomão. Rio de Janeiro: Imago, 1988. (Edição standard brasileira das obras psicológicas completas de Sigmund Freud, v. I).

FREUD, Sigmund (1893). *Charcot*. Rio de janeiro: Imago, 1988. (Edição standard brasileira das obras psicológicas completas de Sigmund Freud, v. 3, p. 19-32).

FREUD, Sigmund (1893). *Relatório sobre meus estudos em Paris e Berlim*. Rio de Janeiro: Imago, 1988. (Edição standard brasileira das obras psicológicas completas de Sigmund Freud v. 1, p. 39-53).

FREUD, Sigmund (1893). *Sobre o mecanismo psíquico dos fenômenos histéricos*: Comunicação preliminiar (Breuer e Freud). Rio de janeiro: Imago, 1988. (Edição standard brasileira das obras psicológicas completas de Sigmund Freud, v. 2).

FREUD, Sigmund (1894). *As neuropsicoses de defesa*. Rio de Janeiro: Imago, 1988 (Edição standard brasileira das obras psicológicas completas de Sigmund Freud).

FREUD, Sigmund (1895). *Estudos sobre a histeria*. Tradução de J. Salomão. Rio de Janeiro: Imago, 1988. (Edição standard brasileira das obras psicológicas completas de Sigmund Freud, v. II).

FREUD, Sigmund (1897). *Carta 69*. Tradução de J. Salomão. Rio de Janeiro: Imago, 1988. (Edição standard brasileira das obras psicológicas completas de Sigmund Freud, v. I).

FREUD, Sigmund (1899). *Carta 125*. Tradução de J. Salomão. Rio de Janeiro: Imago, 1988. (Edição standard brasileira das obras psicológicas completas de Sigmund Freud, v. I).

FREUD, Sigmund (1904 [1903]). *O método psicanalítico freudiano*. Rio de Janeiro: Imago, 1988. (Edição standard brasileira das obras psicológicas completas de Sigmund Freud, v. 7, p. 231-238).

FREUD, Sigmund (1911). Formulações sobre os dois princípios do funcionamento mental. In: ______. *O caso de Schreber e artigos sobre técnica*. Rio de Janeiro: Imago, 1988. p. 105-110. (Edição standard brasileira das obras psicológicas completas de Sigmund Freud).

FREUD, Sigmund (1912). *Recomendação aos médicos que exercem a Psicanálise*. Tradução de J. Salomão. Rio de Janeiro: Imago, 1988. (Edição standard brasileira das obras psicológicas completas de Sigmund Freud, v. XII).

FREUD, Sigmund (1913). *Sobre o início do tratamento (novas recomendações sobre a técnica da Psicanálise I)*. Tradução de J. Salomão. Rio de Janeiro: Imago, 1988. (Edição standard brasileira das obras psicológicas completas de Sigmund Freud, v. XII).

FREUD, Sigmund (1914). *Recordar, repetir e elaborar* (Novas recomendações sobre a técnica da psicanálise II. Tradução de J. Salomão. Rio de Janeiro: Imago, 1988. (Edição standard brasileira das obras psicológicas completas de Sigmund Freud, v. 14, p. 83-119).

FREUD, Sigmund (1914). *Sobre o narcisismo*: uma introdução. Tradução de J. Salomão. Rio de Janeiro: Imago, 1988. (Edição standard brasileira das obras psicológicas completas de Sigmund Freud, v. 14, p. 83-119).

FREUD, Sigmund (1915[1914]). *Observações sobre o amor transferencial*. Tradução sob a direção de Jayme Salomão. Rio de Janeiro: Imago, 1988. (Edição standard brasileira das obras psicológicas completas de Sigmund Freud, v. 12, p. 208-221).

FREUD, Sigmund (1923[1922]). *Dois verbetes de enciclopédia*. Rio de Janeiro: Imago, 1988. (Edição standard brasileira das obras psicológicas completas de Sigmund Freud, v. 18, p. 285-307).

FREUD, Sigmund (1925[1924]). *Um estudo autobiográfico*. Rio de Janeiro: Imago, 1988. (Edição standard brasileira das obras psicológicas completas de Sigmund Freud, v. 20, p. 17-92).

FREUD, Sigmund (1937). *Construções em análise*. Tradução de J. Salomão. Rio de Janeiro: Imago, 1988. (Edição standard brasileira das obras psicológicas completas de Sigmund Freud, v. XXIII).

FREUD, Sigmund (1937). Construções na análise. In: ______. *Fundamentos da clínica psicanalítica*. Tradução de Claudia Dornbusch. Belo Horizonte: Autêntica, 2017. (Obras Completas de Sigmund Freud, v. 6).

FREUD, Sigmund. Sobre o mecanismo da paranoia. In: *Edição standard brasileira das obras psicológicas completas de Sigmund Freud*. Rio de Janeiro: Imago, 1988. v. 12, p. 81-108 (Parte III) – *Notas psicanalíticas sobre um relato autobiográfico de um Caso de Paranoia* (*Dementia Paranoides*).

GARCIA-ROSA, Luiz Alfredo. *Freud e o inconsciente*. 4. ed. Rio de janeiro: Jorge Zahar, 1988.

GAY, Peter. *Freud*: uma vida para o nosso tempo. Tradução de Denise Bottmaam. São Paulo: Companhia das Letras, 1989.

GUIMARÃES, Leda. Como formalizar um caso Clínico? *Asephallus* – revista eletrônica do núcleo Sephora, v. 3, n. 6, maio-out. 2008.

JONES, Ernest. *A vida e a obra de Sigmund Freud*. Tradução de Júlio Castanõn Guimarães. Rio de Janeiro: Imago, 1989.

KAUFMANNER, Henri. Considerações iniciais sobre psicose e debilidade. *Instituto On-line*, ano 0, n. 0, ago. 2003. [Instituto de Psicanálise e Saúde Mental de Minas Gerais].

LACAN, Jacques (1932). *Da psicose em suas relações com a personalidade*; seguido de *Primeiros escritos sobre a paranoia*. Tradução de Aluisio Menezes, Marco Antonio Coutinho Jorge, Potiguara Mendes da Silveira Jr. 2. ed. Rio de Janeiro: Forense Universitária, 2011.

LACAN, Jacques (1962-1963). *O Seminário, livro 10*: a angústia. Texto estabelecido por Jacques Alain Miller; versão final Angelina Harari e preparação de texto André Telles; tradução de Vera Ribeiro. Rio de Janeiro: Zahar, 2005.

LACAN, Jacques (1964). *O seminário, livro 11*: Os quatro conceitos fundamentais da psicanálise. Versão brasileira de M. D. Magno. Rio de Janeiro: Jorge Zahar, 1988.

LACAN, Jacques (1966). *Intervenção sobre a transferência*. In: ______. *Escritos*. Tradução de Vera Ribeiro. Rio de Janeiro: Jorge Zahar, 1998c.

LACAN, Jacques (1974/1975). *R.S.I. O seminário*. São Paulo: Ornicar, 1975.

LACAN, Jacques (1975-1976). *O Seminário, livro 23*: O sinthoma. Rio de Janeiro: Jorge Zahar, 2007.

LACAN, Jacques [1955-1956]. *O Seminário, livro 3*: as psicoses. Rio de Janeiro: Jorge Zahar, 2008.

LACAN, Jacques. A direção do tratamento e os princípios de seu poder. In: ______. *Escritos*. Tradução de Vera Ribeiro. Rio de Janeiro: Jorge Zahar, 1998b.

LACAN, Jacques. *Da psicose paranóica em suas relações com a personalidade, seguido de primeiros escritos sobre a paranóia*. Rio de Janeiro: Forense Universitária, 1987.

LACAN, Jacques. De uma questão preliminar a todo tratamento possível da psicose. In: ______. *Escritos*. Tradução de Vera Ribeiro. Rio de Janeiro: Jorge Zahar, 1998a.

LACAN, Jacques. *O Seminário, livro 5*: as Formações do inconsciente. Texto estabelecido por Jacques Alain-Miller. Tradução de Vera Ribeiro; revisão de Marcus André Vieira. Rio de Janeiro: Jorge Zahar, 1999.

Este livro foi composto com tipografia Bembo e impresso
em papel Lux Cream 70g. na Gráfica Delrey.